역사를 보다
BODA

역사를 뒤흔든 결정적 순간의 재밌고 놀라운 재발견

역사를 보다
BODA

박현도 · 곽민수 · 강인욱 · 허준 지음

중동·이집트·유라시아까지 역사계의 어벤져스!

당신의 알 듯 모를 듯한 궁금증을
속 시원히 풀어주는 역사적 답변

믹스커피
MIXCOFFEE

달콤 쌉싸름한 역사의 매력으로 초대하며

인간의 역사는 원래 이야기로 전해졌습니다. 듣는 역사의 힘은 의외로 놀랍습니다. 딱딱하게만 느껴지는 역사가 순식간에 재밌는 옛날이야기처럼 되기 때문이죠.

최근 연구에 따르면 인간은 적어도 네안데르탈인 때부터 언어로 의사소통을 했다고 하니, 적어도 20만 년 전 우리 조상들도 모닥불가에 모여 앉아 이야기를 나눴다는 뜻입니다.

반면 역사를 글자로 남긴 역사는 빨라야 5천 년이고 한국은 2천 년도 채 되지 않습니다. 그러니 인간 역사에서 95% 이상은 글자 대신 이야기로 말을 전해온 셈입니다.

저는 고고학자입니다. 제대로 된 전자기기도 없는 1990년대에 우리는 모닥불가에 모여 앉아 책을 읽거나 역사 이야기를 나누며 시간을 보냈습니다. 어쩌면 이야기꾼으로서의 본능은 시베리아 현장에서부터 단련된 건지도 모르겠습니다. 아마 많은 역사학자가 비슷한 경험을 했을 것입니다.

겉으로는 진지하게 보여도 막상 맥주 한잔 걸치면 우리는 재밌는 이야기꾼으로 변하곤 합니다. 그런데 그런 이야기를 들려주면 많은 분이 "역사 이야기가 이렇게 재밌는데 왜 학창 시절에는 내용이 딱딱하다고 또 암기할 게 많다고 불평하며 재미없어 했을까"라고 말씀하시곤 합니다.

아쉽게도 우리 주변에는 역사를 재밌게 들려주는 책이 많지 않습니다. 물론 그런 책이 간혹 나오지만 전문가들이 차분하게 참여하고 내용의 밀도를 높여준 책은 많지 않죠.

이번에 최고의 지식 유튜브 채널 보다(BODA)의 인기 시리즈 '역사를 보다'를 책으로 만드는 과정을 겪으면서 저는 수십만 년간 인간이 쌓아 올린 역사 이야기가 가진 힘을 느낄 수 있었습니다.

세 명의 역사 및 고고학자와 진행자 허준이 기본으로 구성되고 다양한 분야의 게스트들을 초청해 이야기를 엮어 나갔습니다. 저희가 이슬람, 이집트, 유라시아 같은 변방을 다루다 보니 유럽사, 미국사, 한국사 같은 우리와 친숙한 연구를 하시는 분들을 주로 모시지요.

보다 PD님들이 녹화 3~4일 전에 현안으로 떠오른 여러 주제를 선정해 전달해주면, 우리는 마치 하얀 도화지에 그림을 그리는 화가처럼 주제를 중심으로 이야기꽃을 피웁니다.

강의와 연구 등 바쁜 스케줄 때문에 헐레벌떡 스튜디오에 모이면 이미 늦은 밤이 되곤 하지만 역사 이야기꽃을 피우며 매번 더 늦게까지 이어지곤 합니다. 다들 하고 싶은 이야기가 많은지 뽑아놓은 주제에서 가지치기를 하며 끊임없이 뻗어 나가죠.

진행자 허준이 무성하게 뻗어 나간 이야기의 나무를 적당하게 가지치기하고 보다 제작진의 뼈를 깎는(동영상 편집을 해보신 분이라면 이 표현이 지나치지 않다고 생각할 겁니다) 노력으로 맛있는 이야기 한 그릇이 완성되어 매주 공개됩니다.

하지만 각 참여자의 분량 조절과 한정된 시간 등 여러 이유로 많은 재밌는 이야기가 사라졌습니다. 수없이 오고 간 기발하고 재밌는 이야기가 30분 남짓한 영상으로 남는다는 게 자못 아쉬웠죠. 이런 우리의 마음을 모아 『역사를 보다』를 기획하게 되었습니다.

수많은 역사책이 있습니다만 그중에서도 『역사를 보다』에는 특별한 재미가 있다고 생각합니다. 무엇보다도 '변두리'의 역사가 주는 참신함일 것입니다.

이슬람 문명의 탄생부터 현대 이슬람의 갈등까지 과감하게 소수의 견을 던지며 새로운 관점을 던져주시는 박현도 선생님, 누구나 이름은 알지만 자세하게는 모르는 고대 문명의 정점 이집트의 전문가 곽민수 선생님, 그리고 저도 유럽과 아시아 사이의 거대한 초원과 중앙아시아의 이야기로 함께 거들고 있습니다. 그런가 하면 능청맞게 여러 질문을 던지며 다양한 이야기를 화룡점정하는 허준 MC의 멘트로 이어지죠.

세 명의 전문가들은 공통적으로 국내에서 전문가를 찾기 힘든 분야의 일원입니다. 중국사나 유럽사처럼 많은 분이 전공하는 분야와 달리 이 지역들은 제대로 된 책을 찾아보기도 어려울 정도입니다.

'변두리'라고 자조적으로 표현했지만 사실 반드시 알아야 할 핵심적인 부분입니다. '변두리'로 치부되었던 지역의 전문가들이 들려주는 이야기는 그 어떤 책에서도 들어본 적 없는 것들이 많을 것입니다. 한편 인터넷상으로 잘못된 정보들이 마치 사실처럼 퍼진 것도 많습니다. 참신한 이야기 속에서 우리가 모르고 있던 역사의 균형을 찾을 것입니다.

두 번째로 '고고학'이라는 학문이 주는 매력입니다. 저와 곽민수 선생님은 고고학이 전공입니다. 역사와 고고학은 인간의 과거를 연구한다는 점에서 같은 목적성을 띱니다. 연구 대상과 연구 방법이 다를 뿐이지요.

매일 쌓여가는 고고학 자료가 곁들여지면서 우리의 역사 이야기는 더욱 풍부해질 수 있었습니다. 『역사를 보다』처럼 역사와 유물이 잘 조화된 콘텐츠도 없다고 자부할 수 있습니다.

다양한 개성으로 뭉친 역사 전문가들이 모여 펼치는 이야기 속에는 우리가 몰랐던 재밌는 역사도 있지만 뒷맛이 무척 씁쓸한 아픈 순간도 있습니다. 첫맛은 달지만 뒷맛은 달콤 씁싸름한 초콜릿 같다고 할까요.

여기에는 '동서양을 오가고 고대와 현대를 가로지르는 복잡한 역사 여행이 대중에게 어떻게 다가가야 하는가'라는 우리의 고뇌도 담겨 있습니다. 대중서 작업을 두고 단순히 '쉽게 쓰면 된다'는 오해를 하던 시절도 있었습니다. 하지만 현실은 그렇지 않습니다.

다양한 매체가 발달한 지금 사람들은 텍스트를 읽는 대신 재밌는 영상 시청을 선호합니다. 하지만 영상이 아무리 좋아도 정보를 담아내는 데는 한계가 있습니다. 그렇다고 선뜻 책을 펴기에는 망설여지는 게 사실입니다.

이 책은 그런 고민을 없애주는 좋은 방안이 될 것입니다. 마치 유튜브를 보듯 다채롭게 펼쳐지는 역사의 여러 장면을 달게 보다 보면 어느덧 쓰디쓴 역사의 교훈을 느낄 거라고 생각합니다. '이야기가 재밌는 역사 수업은 재미없다'는 편견을 깨고 역사가 여러분과 함께하는 데 우리의 노력이 도움이 되길 바랍니다.

우리의 대담이 하나의 책으로 나오는 데 너무나 많은 분의 도움이 있었습니다. 우리 네 명의 저자 이외에도 매번 많은 선생님이 함께하셨습니다. 영상 뒤에서 우리의 수다를 일일이 영상으로 담고 편집하며 여러 자료도 준비한 보다 제작진들의 노력이 있었습니다. 두서

없이 이어지는 우리의 이야기는 출판사의 멋진 편집 덕분에 책으로 완성될 수 있었습니다.

무엇보다 우리의 이야기를 시청해주신 수백만 구독자분들께 감사 드립니다. 영상을 일일이 시청하고 틀린 부분을 잡아주시는 건 물론 다양한 피드백을 주십니다. 우리 책의 페이지를 넘기며 우리에게 보내주신 그 응원을 느낄 수 있어서 행복하게 생각합니다.

우리에겐 아직도 많은 역사 이야기가 있습니다. 매주 모여 박장대소를 터뜨리다가도 열띤 토론을 벌이며 우리도 몰랐던 역사의 여러 장면에 대한 이야기가 쌓이고 있습니다.

달지만 여운이 강한 『역사를 보다』가 모쪼록 2편, 3편으로 이어지길 바랍니다. 역사 이야기가 주는 감동과 균형 잡힌 역사 시각을 전하는 기회가 이어지길 바랍니다.

2024년 6월 러시아 알타이에서
필진을 대표하여
강인욱 씀

차례

2장 역사를 뒤흔든 이들의 재발견

3장 나라별 역사를 바꾼 결정적 순간들

4장 당신이 몰랐던 역사 속 이모저모

5장 최초의 역사, 의외의 역사

6장 역사를 제대로 들여다보는 법

미스터리,
역사의
또 다른 풍경

경이롭고 신비로운 유적의 오만한 이면

허준   '이때도 이런 기술이 있었다고?' 할 정도로 옛날에도 놀라운 기술력이 발달되었다고 느끼는 한편, 보고 있는 것만으로도 경이로움이 느껴지는 유적이 있는 것 같습니다. 그래서 지금도 수백수천 년 된 유적과 유물을 보러 발길을 옮기지 않습니까? 왜 우리는 옛것이 그리도 신비롭게 느껴지는 걸까요?

박현도　　　지금 사람들이 옛것을 보고 경이롭게 또 신비롭게 느끼는 저변에는 옛사람들이 그렇게 하지 못했을 거라는 일종의 믿음이 있는 것 같습니다. 지금이야 충분히 가능하고도 남는데 그 옛날에는 도대체 어떻게 가능했을까 하는 현대인의 오만함이랄까요.

강인욱　　　현대인의 오만함 하니 1969년 아폴로 11호(Apollo 11)의 달 착륙이 생각납니다. 그때를 두고 1960년대에 어떻게 사람이 달에 갔다가 돌아올 수 있냐고, 말도 안 된다고 주장하는 사람들이 있지 않습니까. 그때 달에 다녀왔으면 지금 화성에 갔다가 돌아와야 한다고 말이죠.

아폴로 사업은 우리가 고대문명을 이해하는 실마리를 줍니다. 흔히 고대문명에는 너무나 많은 미스터리가 있다고 하지만요. '피라미드, 진시황릉, 바빌론의 공중정원, 나스카 평원의 거대한 문양, 스톤헨지 등을 도대체 어떻게 만들었을까?' '그 옛날에 변변한 설계도면도 없이 어떻게 빈틈없이 지을 수 있었을까?' 하는 의문을 제기하면서 외계인이 만들었다거나 초거대 문명을 지어놓고 사라졌다는 식으로 주장합니다.

사실 고대인들의 노하우는 결국 하나의 목적을 두고 수많은 시간과 자원을 투자한 결과였을 겁니다. 고대에 대한 그런 인식과 똑같이 생각한다면 우리의 후손들도 '1960년대의 미개한 사람들이 어떻게 달에 갔다가 돌아올 수 있었을까, 외계인의 도움이 없으면 불가능했

앙코르 와트 전경.

을 것이다'라는 설을 유포하지 않을까요. 고대문명에 대한 편견은 유럽이 아닌 아시아, 아프리카 같은 제3세계 지역에서 특히 심합니다. 캄보디아에 있는 앙코르 와트(Angkor Wat)가 대표적이죠.

앙코르 와트 같은 경우에도 16세기에 포르투갈의 가톨릭 수도자 안토니오 다 마달레나(Antonio da Madalena)가 발견했다고 하는데, 엄밀히 말해서 '발견'한 게 아니라 서양인으로서 앙코르 와트를 처음 '봤다'고 하는 게 맞죠.

이후 19세기에 앙리 무오(Henri Mouhot)가 앙코르 와트를 방문해 서방 세계에 처음으로 알렸는데 그가 직접 찾아간 게 아니라 현지 수도사가 데려갔습니다. 여기 앙코르 와트가 있다고 말이죠. 현지인들도 알고 있었다는 뜻이지 서양인이 잊힌 문명을 발견했다는 식의 이야기는 사실과 다르다는 의미입니다. 앙리 무오가 앙코르 와트를 딱 보니 말로 표현할 수 없는, 세상 어디에도 없을 것 같은 경이롭고 신비로운 곳이라고 생각했어요. 극찬을 이어갔습니다. 그야말로 이색적이기 이를 데 없는 신세계라고요.

그런데 앙코르 와트는 현지인들이 만든 사원일 뿐입니다. 12세기에 크메르 제국(Khmer Empire) 제17대 국왕 수리야바르만 2세(Suryavarman II)가 30여 년 동안 만들었고 전체 면적은 160헥타르(160만 제곱미터)죠. 전 세계 최대 규모의 종교 건축물이지만 사원은 어디에나 있지 않습니까.

서양인들은 자신들이 미개하다고 무시하고 욕한 바로 그 사람들이 이토록 거대하고 아름답고 경이로운 건축물을 만들었다고 신기해했던 겁니다. 다시 한번 말씀드리지만 그런 식으로 경이로움과 신비로움을 강조하는 건 안 된다고 봅니다.

곽민수　　　　고대 이집트를 전공하다 보니 수없이 듣는 질문이 있어요. '그 옛날에 도대체 피라미드(pyramid)를 어떻게 만들었는가' 하는 질문입니다. 사실 유명한 피라미드들은 정말 오래전에 만들긴 했죠. 기원전 2500~기원전 2600년에 만들었으니까요. 또 규모도 엄청나기 때문에 직관적으로 봤을 때 '그 옛날에 도대체 어떻게 이걸 만들었을까?' 하고 생각하는 겁니다.

그런데 들여다보면 서양인들이 사실보다 훨씬 부풀린 배경이 있는 것 같아요. 이를테면 저는 인종차별적인 담론이 기저에 깔려 있다고 생각합니다. 18세기에 유럽인들이 이집트에 가서 고대 유적들을 제대로 살피기 시작합니다. 그러곤 유럽으로 돌아와 관련된 기록들을 남겨요. 그런데 유럽인들에겐 당시의 이집트인들, 즉 아랍인들이 굉장히 미개하게 보였습니다.

그렇게 '그 미개한 사람들의 선조가 이토록 대단한 걸 만들었다고? 절대로 그럴 리가 없어'라며 경이와 신비를 키워나간 것 같습니다. 인간의 힘으로 할 수 없을 것 같은 경이로움과 신비로움에 '미개한 사람들'이 실제로 행했던 대단한 일을 가리고 묻어버린 거죠.

박현도　　　유럽인들의 우월의식을 우리가 그대로 받아들이고 있습니다. 저는 가장 마음에 안 드는 말이 '지리상의 발견'입니다. 이 말을 정말 싫어합니다. 도대체 지리상에서 뭘 발견한다는 건지 모르겠어요. 아주 오래전부터 그곳에 항상 있었는데 말이죠.

그리고 '종교개혁'이라는 말도 싫어합니다. 도대체 무슨 종교를 개혁한다는 건지 모르겠어요. 엄밀히 말해 그리스도교를 개혁한 거죠. 안 그런가요? 그런데 지금 우리도 쓰고 있습니다. 그대로 가져와 쓰고 있죠.

고대 세계 7대 불가사의에 관하여

허준   '세계 7대 불가사의(Seven Wonders of the World)'라고 있죠? 이른바 인류 역사상 사람의 손으로 이뤄낸 가장 기적적인 건축물 일곱 가지를 일컫는데요. 그동안 수많은 목록이 제각각 작성되었지 않습니까. 그래서인지 진짜 '세계 7대 불가사의'가 뭔지 확정적으로 말할 수 없더라고요.

'고대 세계 7대 불가사의' 상상도(대피라미드는 제외).

곽민수   현재 가장 많이 통용되는 '고대 세계 7대 불가사의' 목록은 기원전 2세기경 활동한 그리스 계통의 작가 안티파트로스(Antipater)가 남긴 기록에 기반합니다. 그런 만큼 리스트에는 동지중해 지역의 구조물들만 있을 뿐이죠.

한번 읊어보면요. 기자의 대피라미드(The Great Pyramid of Giza), 바빌론의 공중정원(The Hanging Gardens of Babylon), 알렉산드리아의 등대(Lighthouse of Alexandria), 올림피아의 제우스상(Statue of Zeus at Olympia), 로도스의 거상(Colossus of Rhodes), 에페소스의 아르테미스 신전(Temple of Artemis at ephesus), 할리카르나소스의 마우솔레움(Mausoleum at Halicarnassus)이 불가사의 목록에 포함됩니다.

사실 안티파트로스의 기록에는 알렉산드리아의 등대가 아닌 바빌론의 성벽이 있었는데, 서기 6세기 때의 작가 그레고리우스 투로넨시스(Gregorius Turonensis)가 한 개만 바꿨어요. 바빌론의 성벽을 빼고 알렉산드리아의 등대를 넣었죠.

고대 세계 7대 불가사의 중 현재까지 물리적 구조가 남아 있는 건 대피라미드가 유일합니다. 그리고 공중정원이 있었을 것으로 추정되는 유적이 있긴 합니다. 바빌론 유적지의 성채에서 시설들이 확인되었죠. 그리고 공중정원이 바빌론이 아니라 다른 도시들에 있었을 거라는 '니느웨(Ninəwe)설'도 있습니다. 두 번째로 유력한 설이죠. 니느웨는 고대 아시리아의 수도 중 하나고요.

문제는 '고대 세계 7대 불가사의'라고 번역이 널리 사용되기 때문에 이 유적들이 미스터리한 대상들인 것처럼 인식된다는 점이에요. 조금 더 정확하게 번역하면 '고대 세계의 일곱 가지 경이로운 구조물들' 정도가 되어야 합니다. 그런데 개념이 일본을 통해 중역되는 과정에서 '불가사의'라는 수식어가 붙어 목록의 유적들이 정체를 알 수 없는 대상으로 인식된 거죠.

저는 이 안티파트로스의 목록에 특별한 의미를 둘 필요는 없다고 생각합니다. 이 목록의 일곱 가지 구조물이 지어진 연대가 대체로 기원전 3세기에서 기원전 7세기 사이예요. 그러니까 이 구조물들은 불과 몇백 년 사이에 지어진 거죠.

딱 한 가지 유적만 지어진 시기가 완전히 다릅니다. 바로 이집트의 대피라미드, 이건 대략 기원전 2550년에서 기원전 2600년 사이에 지어졌으니까 다른 여섯 개보다 2천 년 가량 이전의 것이죠. 더욱이 앞서 말씀드렸듯 현재까지 비교적 온전한 모습으로 남아 있습니다.

이집트에서 확인되고 있는 피라미드들은 족히 100기가 넘습니다. 물론 이 피라미드들은 대피라미드처럼 모두 다 온전하게 남아 있진 않습니다. 훨씬 더 후대에 만들어진 피라미드들 가운데서도 상태가 좋지 않는 경우가 많죠.

반면 대피라미드는 구조적인 안정성을 갖고 있고 굉장히 정교하게 깎은 거대한 돌들을 차곡차곡 쌓았기 때문에 내구성이 굉장히 높습니다. 또 대피라미드를 지은 대지 자체가 굉장히 단단한 석회암 지대였는데, 이 또한 대피라미드의 내구성을 높이는 데 한몫했죠. 더 불어 비가 거의 오지 않는 기후 특성도 대피라미드의 보존 가능성을 높여줬습니다.

대피라미드보다 500년에서 600년 후인 고대 이집트 중왕국(Middle Kingdom of Egypt) 시대에 만든 피라미드들도 있는데요. 이 피라미드들의 경우 진흙 벽돌로 만들었습니다. 그래서 훨씬 더 후대에 만들었음에도 불구하고, 즉 훨씬 최근에 지어진 피라미드들임에도 불구하고 보존 상태가 훨씬 안 좋습니다. 이집트 현지에 가서 직접 보면 부식된 부분이 많아 마치 모래 언덕처럼 보이는 경우도 많죠.

피라미드를 능가하는 미스터리가 있는가

허준　　　　이집트에서 피라미드를 뛰어넘는 불가사의하고 미스터리한 건출물이 발견되었다고 하던데요?

곽민수　　　　불가사의까진 아닌데 고대 이집트 관련해 잘못된 미스터리가 계속해서 재생산되는 모습을 많이 봤습니다. 대표적으로 '이집트에서 피라미드를 능가할 정도의 미스터리한 미궁(迷宮)이 발견되었다'는 뉴스예요. 그때마다 주변 지인들이 사실이냐고 물어

이집트 하와라에 있는
아메넴헤트 3세의 피라미드.

오는데, 저로선 황당하기 이를 데 없는 게 고대 이집트 미궁은 새롭
게 발견된 게 아니라 오래전에 발견되어서 이미 실체가 어느 정도는
파악되어 있는 유적이에요. 미궁이라고 할 수도 없죠.

구체적으로 말씀드리자면, 이집트 하와라에 중왕국 시대 피라미드
가 하나 있습니다. 중왕국 시대 제12왕조의 파라오(Pharaoh, 고대 이
집트의 최고 통치자로 정치적, 종교적 지도자 역할을 했다) 아메넴헤트 3세
(Amenemhat III)가 세운 피라미드인데 피라미드 남면에 장례 시설이
있어요. 장례 신전이라고 봐도 무방하죠.

이 신전의 규모는 엄청납니다. 2천 년 전까지 어느 정도 남아 있었는데 그때 이곳을 방문한 그리스 계통의 역사학자인 헤로도토스(Herodotus)가 "와, 이건 진짜 미궁이다"라며 엄청 과장해 말합니다. 방이 워낙 많으니까 미궁이라고 표현한 거죠.

헤로도토스의 기록에는 이른바 '카더라'가 상당히 많습니다. 거짓말은 아니지만 과장된 말을 많이 했다고 할 수 있죠. 그래도 그의 미덕이라고 할 수 있는 부분이 있다면 출처를 밝힌다는 점입니다. 그는 문헌이나 자료를 조사해 글을 쓴 게 아니라 주로 여행하면서 지역 내 사람들, 즉 가이드들에게 들은 얘기들을 기반으로 글을 썼어요.

헤로도토스는 아메넴헤트 3세의 피라미드 장례 신전을 두고 '미궁'이라고 쓰곤 '이집트의 대피라미드보다 더 신비롭다'라고 덧붙였습니다. 규모가 정말 어마어마하긴 해요. 가로 400m에 세로 150m 정도 되니까 상당히 큰 규모의 건축물이죠. 이 건축물의 기능은 분명합니다. 매장한 왕의 장례와 제사 의식이에요. 그리고 이후에도 그리스나 로마 계통의 작가나 여행자들이 계속해서 방문했다는 기록이 있습니다. 프톨레마이오스 왕조(Ptolemaic dynasty) 시대 때까진 상당히 견고한 상태로 남아 있었다는 근거들도 있고요.

이런 헤로도토스의 기록이 오늘날까지 끊임없이 확대 재생산되며 이집트에서 피라미드를 뛰어넘는 새로운 미궁이 발견되었다는 식으로 말이 계속 나오는 거죠. 거기서 끝나지 않고 이집트 정부가 발굴을 막고 있다는 식의 음모론까지 나오고 있는 실정입니다.

허준 역사학자는 사실과 사료에 근거해 말씀하시잖아요. 근데 아틀란티스(Atlantis)에 대해선 믿는 분과 믿지 않는 분이 갈리는 것 같습니다. 전설이라고 치부하시는 분들도 있고 엄연한 역사적 사실이라고 생각하시는 분들도 있고요. 어떻게 생각하시는지요?

곽민수 아틀란티스는 그리스의 철학자 플라톤(Plato)의 『티마이오스(Timaios)』와 『크리티아스(Kritias)』에서 처음 언급됩니다.

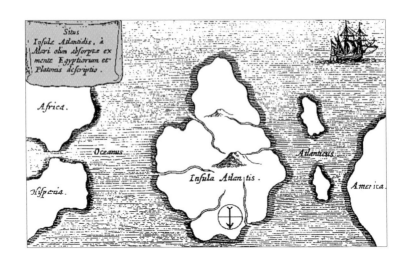

아타나시우스 키르허(Athanasius Kircher), 〈아틀란티스 지도〉, 1669.

기록에 언급된 아틀란티스는 실제 존재했던 공간일 가능성이 충분하죠. 예를 들어, 지브롤터 해협 바깥쪽 대서양 지역에 존재했던 곳일 수 있습니다. 그러나 플라톤의 저작물에서 말하고 있는 이곳이 플라톤의 시대인 기원전 5세기~기원전 4세기로부터 9천 년 전의 유적이라는 주장은 고고학적으로 확인할 수 없습니다.

그 기록의 주장 자체가 정확하지 않다고 한다면 아틀란티스의 후보가 되는 지역들이 몇 군데 있습니다. 대표적인 곳이 그리스의 섬들 중에서 '테라(Thera)'라고도 불리는 산토리니 섬입니다. 이 섬은 기원전 1300년대에 거대한 화산이 폭발하면서 섬 일부가 침수되어 원래의 원형 모양이 지금의 초승달 형태로 바뀌었죠.

그 섬에서 굉장히 오래된 유적이 나왔습니다. 바로 미노아 문명 (Minoan Civilization)의 유적들이죠. 미노아 문명은 고대 그리스의 전신이 되는 문명으로 기원전 2000년경을 전후로 크게 번성했습니다. 플라톤이 그 점을 염두에 뒀을 수도 있겠습니다.

반면 플라톤이 묘사한 아틀란티스의 공간적인 위치가 정확하다고 한다면, 대서양 쪽의 스페인 지역이 유력합니다. 이베리아 반도에 붙어 있는 유적이 있는데, 기원전 1100년경에 형성되었다고 알려진 타르테소스(Tartessos) 유적입니다. 그곳에서 기원전 1000년경부터 취락이 형성되었다는 근거들이 있습니다. 그래서 타르테소스가 아틀란티스의 원형일 수도 있다는 설이 있는 거죠.

일본 애니메이션 〈신비한 바다의 나디아(Nadia: The Secret of Blue Water)〉 기억하시나요? 일본에선 1990년부터 1991년까지 방영되었고 한국에선 1992년에 방영되었던 TV 애니메이션 말입니다. 이 작품 후에 〈신세기 에반게리온(NEON GENESIS EVANGELION)〉으로 일본 애니메이션 역사를 바꾼 '안노 히데아키(庵野秀明)'의 대표작이기도 하죠. 주인공 나디아가 바로 아틀란티스 출신이에요. 정확히는 아틀란티스인의 후손이죠. 그리고 극 중에서 아틀란티스인들이 전쟁으로 한 번 멸망하고 이주한 곳이 아프리카인데 그곳의 지명이 다름 아닌 타르테소스고요. 또 그들이 탄 우주선이 원형 모양이에요. 아틀란티스 전설이 대중문화의 영역에서 사용되고 있는 대표적인 사례입니다.

그리고 꽤 오래전 1977년부터 1978년까지 미국에서 방영된 드라마 〈아틀란티스에서 온 사나이(The Man From Atlantis)〉라고 아시나요? 손가락 사이랑 발가락 사이에 물갈퀴가 있고 아가미도 있어 바닷속에서 자유롭게 헤엄쳐 다닐 수 있는 사람이 주인공입니다. 그는 바닷속으로 사라진 아틀란티스의 마지막 생존자였죠.

대중문화의 영역에서 콘텐츠로 적극 활용하는 사례들이 많습니다.

전설의 도시 엘도라도는 실존하는가

허준　　　　숨겨진 전설 속 보물에 관한 이야기를 해보겠습니다. 숨겨진 보물을 말할 때 빼놓을 수 없는 게 엘도라도(El Dorado)죠. 영화, 애니메이션, 책 등 다양한 콘텐츠로 소개되었고요. 엘도라도라고 하면 황금으로 뒤덮인 도시라고 하지 않습니까? 나아가 그 도시가 실존한다고도 하고요. 역사학자의 입장에서 보면 어떤가요?

박현도　　　　엘도라도를 두고 유럽 쪽으로 말하는 경향이 있는
것 같습니다. 그런데 중동에선 8, 9세기에 걸쳐 나오는 곳이 '신라(新
羅)'예요. 중동에선 신라를 '황금의 나라'라고 언급했죠. 기록에 따르
면 신라에는 금이 많고 또 신라인들이 좋다고 했어요. 신라에 가면
돌아오기 싫다고 했고요. 그렇다고 그 기록을 쓴 사람이 신라에 가
보진 않았을 것 같습니다. 들은 얘기를 마치 간 것처럼 쓴 거죠.

강인욱　　　　엘도라도 하면 '황금인간'이 떠오르지 않습니까?
콜롬비아 보고타 고원의 구아타비타 호수를 엘도라도의 실체로 지
목하는 이들이 있는데, 호수 근처에 살았던 치브차족의 제사 풍습에
서 기인한 게 바로 황금인간이니까요. 그런데 황금인간은 전 세계에
걸쳐 나타납니다.

세계 최초의 황금인간은 우리가 흔히 알고 있는 고대문명의 발상지
와는 관계없는 불가리아에서 발견되었습니다. 지난 1972년 불가리
아 바르나 호수 근처에서 포크레인으로 작업하다가 일명 '황금인간'
을 발견합니다. 그곳은 약 7천 년 전부터 수천 년간 공동묘지였죠.
300여 기의 무덤을 발견했는데, 그중 어느 무덤에서 온몸을 황금으
로 두른 샤먼 또는 족장의 시신이 나왔어요. 과학적 방법으로 검증
하니 약 6,500년 전의 것으로 밝혀졌습니다.

우리가 황금을 멋있다고 생각하는 것도 당연한 게 황금이야말로 태
양을 상징하고 또 위대함을 상징합니다. 이후 황금인간 풍습은 유라

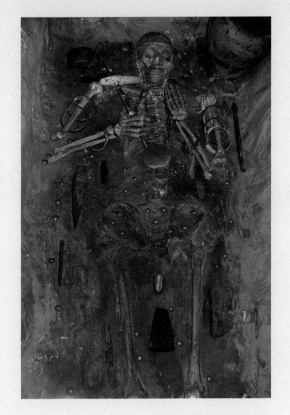

6,500년 전의 일명 '황금인간'.

시아 초원으로 퍼지죠. 그래서 약 2,700년 전부터 카자흐스탄을 중심으로 하는 기마민족 사카인의 무덤에서 온몸에 황금을 두른 전사의 시신들이 발견되고 있습니다.(참고: 강인욱, 『황금, 불멸의 아름다움』, 서해문집, 2024.)

나폴레옹은 언제 어디서 어떻게 죽었나

허준　　　　나폴레옹 보나파르트(Napoléon Bonaparte)가 독살당했다는 주장도 있고 위암으로 죽었다는 얘기도 있던데, 진실이 뭘까요? 그리고 나폴레옹은 사망하고 한참 후에야 고국 프랑스로 돌아올 수 있었다는데, 사실인가요?

강인욱　　　　네, 나폴레옹은 1821년 유배된 세인트헬레나섬에서 위암으로 죽었습니다. 역사적 인물의 죽음인 만큼 물론 독살설도 있죠. 나폴레옹이 죽음을 맞이했던 당시, 사람이 죽으면 머리카락을 잘라 친척들에게 기념으로 나눠주는 풍습이 있었거든요. 그때 나폴레옹 사후 그의 머리카락 표본의 성분을 분석해보니까 정상보다 많은 양의 비소(砒素)가 검출되었다고 해요. 그래서 일각에선 나폴레옹이 독살당했다고 주장하는 거죠.

'병적학(病跡學)'이라고 해서 위인의 전기나 작품을 정신 의학적으로 해석해 그의 정신적 이상성과 창조 활동 관계를 연구하는 학문이에요. 정신 병리학의 한 분야죠. 유명한 사람들, 이를테면 안토니오 살리에르(Antonio Salieri)가 볼프강 아마데우스 모차르트(Wolfgang Amadeus Mozart)를 독살했다는 음모론도 병적학으로 해결할 수 있을 거예요. 무덤에 남아 있는 인골을 분석하거나 편지, 일기에 남아 있는 행적으로 추적합니다. 물론 자료가 부족해 확실하게 남겨진 건 별로 없지만요.

한편 나폴레옹의 죽음에는 식습관이나 생활 습관이 반영된 것 같다고도 합니다. 그런데 사실 위암이 나폴레옹 집안 내력이에요. 해부 보고서를 보면, 뱃속에 시커먼 커피색의 덩어리가 있었다고 하죠. 그러니까 위궤양으로 생긴 종양 때문에 죽은 것 같아요.

나폴레옹이 평생 군인으로 살았으니까, 신선한 채소를 거의 먹지 못했죠. 매일 짜디짠 염장 음식만 먹을 수밖에 없었어요. 결론적으로 위암에 걸려 죽는 게 그리 이상한 건 아닌 거죠. 그리고 머리카락에서 비소가 나온 것도 암살이 아니라 생활 습관의 하나로 당시 유럽

프랑스 파리 센강 알렉상드르 3세 다리 남쪽에 위치한
앵발리드 돔 성당 지하의 나폴레옹 무덤.

사람들의 몸에는 전반적으로 비소가 많을 수도 있다고 합니다.

그건 그렇고 굳이 독살하지 않아도, 나폴레옹은 이미 러시아 원정 (French invasion of Russia) 때부터 몸이 너무 안 좋아져 있는 상태였기 때문에 오래 살 수 없지 않았을까요?

나폴레옹은 1821년에 생을 마감했습니다. 그는 영국의 허락으로 세인트헬레나섬에 묻혔죠. 무덤은 가로, 세로 3m 크기에 불과했어요. 당시 그 정도면 꽤 큰 편에 속했지만 한 시대를 풍미한 황제에겐 초라하기 짝이 없는 크기였죠.

나폴레옹의 유해가 프랑스로 돌아온 건 1821년에 죽음을 맞이하고
나서 20년의 세월이 흐른 후입니다. 나폴레옹이 벌인 전쟁의 후유증
은 가시고 그에 대한 좋지 않은 기억도 많이 잊힌 상태였죠. 오히려
유럽을 호령했던 나폴레옹에 대한 향수가 피어나고 있었습니다.

파라오의 저주(The Curse of the Pharaohs)라든지 티무르의 저주(The
Curse of Timur)처럼 나폴레옹 같은 영웅의 유해를 둘러싼 수많은 전
설이 만들어졌습니다. 물론 대부분의 이야기는 고고학자가 볼 때 말
도 안 되는 소문이지만요. 어쨌든 나폴레옹은 프랑스로 돌아와 거국
적인 국장과 함께 파리의 앵발리드에 묻혔습니다. 이듬해 안장되었
고 영원한 안식을 취하고 있죠.

알고 보니 그렇게 죽은 것이었다

허준　　　　역사 기록을 보면 누군가가 죽기까지의 과정이 나와 있지 않습니까? 그런데 고고학적으로 밝혀 보니 막상 역사 기록과 다른 경우가 있죠. 현대 기술로 밝혀진 역사적 의문사가 있을까요?

강인욱　　　　우리가 잘 알고 있는 역사적 인물의 정확한 사인을 고고학과 과학적 연구로 밝혀내는 건 생각보다 어렵습니다. 증거가 많지 않거든요. 가장 기본적인 자료는 남아 있는 인골인데, 뼈가 제대로 발견된 역사적 인물은 많지 않죠. 더군다나 유명인일수록 출처가 의심스러운 유골들이 돌아다니는 경우도 꽤 있습니다.

또 다른 방법으로는 과거의 여러 기록을 통해 그 사람의 병을 밝히는 것인데, 문제는 고대인들이 알고 있는 의학적 지식이 많지 않고 또 애매하다는 것이지요. 지금도 정밀조사를 해야만 밝혀지는 병이 많은데, 과거에 겉으로 드러난 외과적 특성을 소략하게 기록한 것으로 결정적 사인을 밝히는 건 쉽지 않죠. 하지만 극적으로 증명된 경우도 있습니다.

이를테면 티무르 제국(Timurid Empire)의 건국자 '티무르(Timur)'의 경우 '테무를란(=절름발이 티무르)'이라고 불립니다. 무릎 관절이 제대로 구부러지지 않아 이런 별명이 생겼다고 하죠.

1942년 이오시프 스탈린(Joseph Stalin)의 명령으로 미하일 게라시모프(Mikhail Gerasimov)가 이끄는 발굴단이 티무르의 무덤을 발굴했습니다. 하지만 워낙 가짜 뼈가 많이 묻혀 있는 게 이슬람의 영묘라서 티무르일까 조마조마했는데, 발견된 인골의 무릎이 실제로 강직증(強直症)이 심해 펴지지 않았다는 걸 알아냈어요. 병이 있다는 기록 덕에 인골의 주인을 밝힌 예입니다.

반면 발굴해보진 않았지만 어떻게 죽었을 거라 추정할 수 있는 경우가 있는데 바로 '진시황(秦始皇)'입니다. 그는 수은 중독으로 죽었다고 하는데 충분히 가능하다고 봅니다. 당시 벽면의 장식과 여러 물

즉위식에서 청중을 맞이하는 티무르.
1467년 판본의 『승전기(勝戰記)』에 실려 있다.

건에 수은이 많이 들어갔거든요. 물론 수은의 독성은 아직 밝혀지지 않은 상태입니다.

세상의 귀한 걸 모두 가질 수 있었던 진시황이고, 당시 귀하디귀한 수은이었으니 마음껏 쓸 수 있었을 겁니다. 진시황이 쉰도 안 된 나이에 죽은 것과도 상당히 관련 있어 보입니다.

1980년대 강원도 강릉에서 굿을 준비하다가 갑자기 돌아가신 분이 있어요. 수은이 포함된 경면주사(鏡面朱砂)로 그린 부적 200여 장을 밀폐된 화장실에서 태운 겁니다. 부적을 태우신 분은 경면주사에 포함된 수은 때문에 목숨을 잃으셨는데 관련된 논문까지 나왔죠.

거인 미라 손가락에 얽힌 미스터리

허준　　　　10여 년 전 공개된 기이한 사진에 대해 한번 말씀 드려 볼게요. 2012년 스위스의 한 사진작가가 1988년 이집트 여행 당시 촬영한 사진 하나를 공개했었죠. 어느 도굴꾼 노인이 1960년 대 찍었다는 X-ray 감정서와 의사 감정서까지 보여주면서 '미라 손 가락'을 팔려고 했답니다. 그런데 손가락 길이가 무려 38cm, 추정해 보니 손가락의 주인은 족히 5m에 이르는 거인일 거라고 했죠. 노인 이 너무 많은 돈을 요구해 구입하진 않았지만 사진은 찍어놨답니다.

그리고 '거인'의 존재를 뒷받침하는 음모론들이 있다고 하고요. 고대 이집트의 벽화들을 보면 대체로 사람들의 크기가 일정한데, 크기가 다른 사람들이 몇몇 있다는 겁니다. 그걸 보고 고대 이집트에 거인이 있었을 거라고 추측하는 사람들이 있더라고요.

곽민수　　　저도 그 거인 손가락 사진에 대해 알고 있습니다, 흥미로운 사진이죠. 그런데 다소 조악해 보이는 사진만 있고 손가락 실물은 확인되지 않았어요. 사진을 찍었다는 스위스의 사진작가 증언은 있지만 사진 속 손가락의 실체를 말해줄 구체적인 증거는 없다고 할 수 있습니다.

이집트뿐만 아니라 고대 유적으로 유명한 곳에 가면 소위 말하는 사기꾼들이 굉장히 많습니다. '이거 되게 오래된 유물이다, 어디에도 공개하지 않은 거다'라면서 여행자들을 유혹하죠. 저는 전공자이다 보니 딱 보면 조악하기 짝이 없는 레플리카(replica, 복제품 또는 모조품)라는 걸 알아채지만, 일부러 흙을 묻혀선 "이거 할아버지의 할아버지의 할아버지 때부터 이어져 내려오는 건데 특별히 보여주는 거다"라면서 말도 안 되는 가격을 부르는 경우를 왕왕 목격합니다. 이런 방식으로 거인의 손가락에 경도된 분들도 있었을 것이고, 손가락 사진을 찍은 사진작가도 그중 한 명이었을 겁니다.

중국이 1970년대 후반 개혁개방 정책을 실시한 후 1990년대 초에 이르러 사회주의 시장 경제 체제를 확립했고 1992년에 '한중수교'를

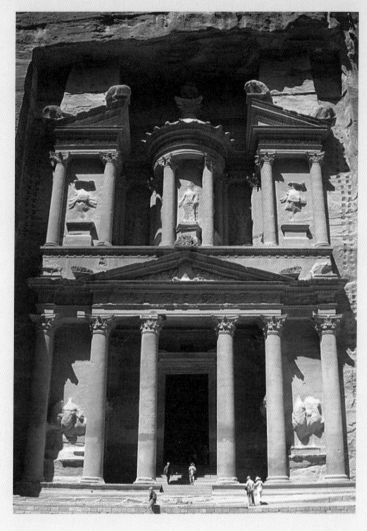

요르단 고대 도시의 유적,
페트라.

이룩하면서 한국인 사업자들이 대거 진출했는데요. 그때 중국에서 레플리카 유물을 만들어 굉장히 오래되고 귀중한 것처럼 속여 한국의 사업가들에게 비싸게 파는 경우가 많았다고 합니다. 이집트나 중국이나 고대 유물, 유적이 많기로 유명하지 않습니까. 안타까운 건 그 유물들을 진품이라 여겼던 사업가분들이 한국에 돌아와 그 조악한 레플리카로 전시회를 여는 경우도 있었다는 거죠.

박현도　　　　비슷한 얘기로, 요 몇 년 새 미국에서 이슬람을 공부하는 아마추어 학자들이 유튜브로 해괴망측한 주장을 하면서 수익을 창출하고 있어요. 지금의 메카(Mecca), 즉 이슬람의 제1 성지는 그곳이 아니고 페트라(Petra)라고 주장하는 거죠. 참고로 메카는 사우디아라비아에 있고 페트라는 요르단에 있습니다. 조회수가 엄청나길래 무슨 말을 하는지 직접 들어봤습니다. 그럴싸하긴 했어요.

이런 식입니다. 무슬림은 모스크(Mosque, 이슬람의 예배당)를 지을 때 무조건 메카 쪽을 향하게 합니다. 그런데 이슬람 초기 100여 년에 걸쳐 지은 모스크들은 메카가 아니라 페트라를 향해 있어요. 모두 다 일정하게 말이죠. 애매하긴 한데, 당시에는 전문적인 천문 지식을 갖추고 있지 않았으니 방향이 잘못되었을 수도 있다고 생각합니다. 그걸 두고 페트라를 이슬람의 메카라고 주장하는 거죠. 그런데 기록상으로는 메카가 성지라는 데 아무런 문제가 없습니다. 페트라가 성지였다는 기록 자체가 없어요.

역사의 흐름을 바꿔버린 전염병

허준　　　　최근 발생한 코로나19로 인류는 너무나도 고통스러운 시간을 보냈죠. 이처럼 고대부터 오늘날까지 우리는 예측할 수 없는 전염병을 상대로 싸워나가고 있는데요. 역사의 흐름을 바꿀 만큼 강력했던 전염병이 많았던 것 같습니다.

강인욱　　　　페스트가 가장 유명할 것 같습니다. 불과 얼마 전에 고고학적으로 증명된 사실인데요, 5천 년 전에 페스트로 추정되는 전염병이 발병했다는 증거가 '하민 망하'라고 하는 만주와 몽골 경계의 신석기 시대 마을 유적에서 발견되었습니다. '홍산문화(紅山文化, 기원전 4000년~기원전 3000년경 지금의 중국 랴오닝성 서부에 위치했던 신석기 시대의 문화)'라고 하는 유명한 신석기 시대 문화의 일부입니다. 여기에서 집 자리를 발굴했는데 수십 명, 많게는 100명 넘는 인골들이 집단으로 매장된 채 발견되었습니다. 이 인골들은 무질서하게 던져졌고 남녀노소 구분 없이 몸에 지니고 있던 게 그대로 있었죠. 그런데 마을 공동묘지는 따로 있었고 적이 침입해 전쟁이 벌어진 흔적도 없으니, 굳이 집에 던질 이유가 있었을까요.

그래서 함께 발견된 동물 뼈를 분석해봤습니다. 설치류나 두더지과가 많이 나왔죠. 농사를 지었다가 기후가 안 좋아지니까 설치류를 잡아먹기 시작한 거예요. 설치류와 접촉하다 보니 페스트 같은 전염병이 창궐하면서 갑자기 무더기로 죽어버렸을 가능성이 큽니다.

그래도 전염병에 대처하는 법을 알았다고 생각되는 게, 만약 갑자기 돌아가신 분들을 정성스레 공동묘지에 묻었으면 다 같이 죽었을 수도 있었을 겁니다. 코로나19가 등장한 걸 보면 마을과 도시의 운명을 순식간에 바꾸는 전염병은 언제나 있었던 것 같습니다.

곽민수　　　고대 이집트에서도 전염병 때문에 역사의 흐름이 바뀐 적이 있습니다. 기원전 1700년대 이집트 북쪽 삼각주 지역 아바리스에 전염병이 발생합니다. 이곳은 훗날 아시아 계통의 힉소스

고대 이집트 제18왕조의 파라오 아흐모세 1세(Ahmose I)가
전투에서 힉소스인들을 치고 있다.

(Hyksos) 세력이 들어와 토착 이집트 세력과 경쟁하며 자신들의 정치
체를 세운 지역이죠. 이곳에서 발생한 건 아무래도 장티푸스나 발진
티푸스 계열의 전염병이었던 것 같은데, 그때 토착 이집트인들이 굉
장히 많이 사망해요.

기원전 1800년경이 되면 중왕국이 해체되면서 제2중간기(Second
Intermediate Period of Egypt)가 시작되는 시기라고 할 수 있는데, 중왕
국 시대 말부터 이 지역에 지금의 팔레스타인과 이스라엘 쪽 사람들

이 계속 유입됩니다.

그 민족 집단은 전염병에 약간의 면역력을 갖고 있었던 것 같아요. 기본적으로 유목민 출신이라 가축들과 생활하니까 자연적으로 면역이 생겼던 거죠. 반면 토착 이집트인들은 면역력이 없었고요. 그래서 이 지역의 토착인과 아시아인 비율이 역전되고 많이 살아남은 아시아인들이 독립 정치체를 만들 수 있었던 겁니다.

힉소스 왕조가 고대 이집트 역사에선 제15왕조, 제16왕조에 해당되는데 결국 제15왕조가 이집트 북쪽 지역을 통일하죠. 이후 오늘날의 이집트 카이로에서 남쪽으로 700km가량 떨어져 있는, 룩소르 지역에서 기반을 닦고 있던 제17왕조와 경쟁합니다. 일종의 남북조 시대가 100년 가까이 이어지죠. 결국 토착 이집트 세력이 힉소스 왕조를 몰아내고 다시 이집트를 통일합니다. 그렇게 기원전 1550년경 시작되는 게 신왕국(New Kingdom of Egypt) 시대입니다.

⟪⟫ 중동 역사에서 가장 강력한 군대에 대하여 ⟪⟫

허준   페르시아 군대를 보고 '불가사의한 군대' '불사 부대'라고 표현하지 않습니까. 헤로도토스가 지칭했기 때문이라고 하는데요. 결원이 생기면 예비 병사를 즉각 투입해 정원을 유지한다고 해서 그런 이름을 붙였다는 말이 있더라고요.

곽민수   거기에 더해, 비슷한 체형의 병사들이 통일된 복식으로 싸웠는데 그리스군 입장에서 봤을 때 아무리 죽여도 똑같은 병

사들이 계속 충원되는 것처럼 보여 죽지 않는다고 생각했기 때문에
그렇게 붙였다고도 합니다.

박현도　　　중동 역사에서 가장 강력한 군대는 오스만 제국
(Osman Empire)의 '예니체리(Yeniçeri)'였습니다. 14세기에 생긴 오스만
제국 최정예 부대이자 술탄의 근위대로, 역사상 처음으로 메흐테르
하네(mehterhane)라고 하는 군악대를 운영했죠.

예니체리의 시작을 생각해보면 슬픈 부분도 있습니다. '모으다'라는
뜻을 가진 데브시르메(Devşirme) 제도를 통해 보통 여덟 살 정도 되
는 기독교 집안 아이들을 징집합니다. 군인으로 키우기도 하지만 관
료로 키우기도 하죠. 그럴 때 아이를 뺏기지 않으려고 도망 다니면
서 숨기는 부모가 있는가 하면 가난한 부모의 경우 아이가 술탄의
군대나 관료 집단에 속하면 크게 출세하는 것이니 환영하기도 합니
다. 그렇게 징발된 아이들은 바로 개종을 시키고 교육 및 훈련을 시
작하죠. 그렇게 정예 부대로 만드는 겁니다.

그들은 어렸을 때부터 봐온 게 술탄이지 않습니까. 술탄을 아버지처
럼 생각했을 겁니다. 더군다나 개종되어 무슬림이기도 하니까 충성
도가 어마어마해요. 술탄으로선 바로 그 지점 때문에 기독교 집안
아이들을 데려온 거죠. 애초부터 무슬림이었다면 역모를 생각할 수
도 있으니까요. 그런데 일종의 '세뇌된 노예 용병'을 쓰면 믿을 만하
죠. 굉장히 강력하기도 하고요.

예니체리 사령관과 부대원을 그린
램버트 와이츠(Lambert Wyts)의 1573년도 작품.

그들은 1453년 콘스탄티노폴리스(Constantinopolis) 점령에 혁혁한 공을 세웁니다. 하지만 시간이 지나 제국의 확장력이 둔화되고 전쟁보다 통치가 우선시되면서 결혼도 시키고 무슬림도 들어옵니다. 또 쿠데타도 일으키기도 해요. 자연스레 용맹함도 떨어지죠. 점차 변질되어 간 겁니다. 군대 개혁을 원하던 술탄이 예니체리를 대신해 서양식 군대를 들여오려고도 했어요.

결정적인 사건이 있는데, 예니체리가 또 반기를 들걸 미리 알고는 술탄 마흐무드 2세(Mahmud II)가 막사를 포격해버립니다. 많은 이가 죽었고 간신히 살아남은 이들은 도망가버렸죠. 예니체리는 그렇게 1826년에 해체되었습니다.

현대인의 상상을 초월하는 고대의 기술력

허준　　　　금세공술이 몇 천 년 전이나 지금이나 변한 게 없다고 하던데요. 찾아봤더니 금세공술처럼 오래전부터 존재하고 있었던 기술이 의외로 꽤 많더라고요. 이를테면 카메라도 꽤 오래전부터 있었다고 하더군요?

강인욱　　　　카메라 자체는 모르겠으나 사물을 반사해 보는 기술은 오래전부터 있었습니다. 2천 년 이상 되었죠. 잊으면 안 되는

헤카와 네카카.

사실이 있는데, 새로운 기술이 나오면 과거의 기술은 잊힌다는 겁니다. 자동차가 보급되면서 말을 타는 기술이 사라진 것과 같은 원리죠. 그렇게 시간이 흘러 돌아보면 '어? 이런 게 있었어?' 하고 놀랄 수 있을 테지만 시공간을 막론하고 사람이 살아가는 원리와 모습은 다르지 않다고 생각합니다.

예컨대 동물 벽화를 보면, 소가 뛰는 모습을 생동감 있게 묘사했는데 컴컴한 곳에서 횃불 하나만 켜고 그렸을 겁니다. 그럼에도 실제와 똑같이 묘사했지 않습니까. 그때 예술적인 감각과 함께 이미 실제와 똑같이 복원해서 묘사하는 기술이 있었다는 거죠.

곽민수   이집트에서도 용도를 알 수 없는 물건들이 꽤 많이 확인되고 있습니다. 고고학에선 옛 물건을 발굴했을 때 용도를 판단하는 게 쉽지 않죠. 연구자들이 지금을 살아가는 현대인으로서의 눈으로 직관을 작동시켜 자신들이 알고 있는 뭔가와 비슷하다고

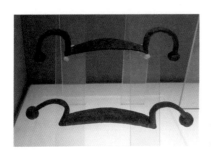

중국 베이징 근처에서 발견된
고삐 걸이.

하면서 그 용도를 추정하는 경우가 있는데, 그것이 실제 물건의 용
도와 완전히 다른 경우가 있습니다.

이를테면 굉장히 많이 발굴된 고대 이집트 물건 중에 '헤카(Heka)'와
'네카카(Nekhakha)'라고 하는 지팡이 모양의 도구가 있습니다. 헤카
는 갈고리처럼 생겼고 네카카는 도리깨처럼 생겼는데, 정확히 어떤
용도로 사용했는지 알 수 없어요.

그래서 연구자들이 헤카는 목축에 사용했다, 네카카는 농경에 사용
했다고 주장하죠. 또는 반대로 헤카야말로 흙을 퍼서 강물에 던질
때나 의식을 할 때, 즉 농경과 관련된 행위를 할 때 사용했다든지 네
카카야말로 목동이 양을 치거나 목초 활동을 할 때 사용했다고 주장
하는 연구자들도 있습니다. 아직까지 정확한 용도를 몰라요.

허준   고고학에선 상상이 난무하게 되는데요. 혹시 '이
물건은 무조건 이런 용도로 썼다!' 하고 강력하게 주장했다가 나
중에 실증 증거 자료가 나와 머쓱했던 경우도 있었나요?

강인욱　　　　파이(π)처럼 생긴 청동기 도구가 중국 북방과 시베리아 일대에서 발견되고 있습니다. 이 도구는 무려 40여 년간 풀리지 않는 고고학계의 미스터리였어요. 나중에 밝혀진 바에 따르면 전차를 탈 때 고삐를 허리띠에 거는 도구였죠. 사실 처음 발견되었을 때, 그러니까 40년 전에 중국과 러시아의 고고학자들은 이미 그 파이 형태의 청동기 도구가 전차에서 말을 몰 때 고삐를 허리띠에 거는 도구라고 생각했어요. 그런데 다른 고고학자들은 쉽게 납득이 안 되었기 때문에 "말도 안 되는 소리 하지 말라"고 무시했죠.

이후 몽골 일대에서 만들었던 입석(立石, 무덤 앞에 세운 석물)인 사슴돌에 전차병을 묘사한 그림과 3천 년 전 무덤의 파이형 청동기에서 전차 모양의 부호가 발견되었어요. 이로써 처음 주장한 분을 다시 평가하게 되었죠.

곽민수　　　　고대 이집트에 헬리콥터가 있었다느니 전구가 있었다느니 하는 주장을 하시는 분들이 있습니다. 이집트 아비도스에 가면 제19왕조의 파라오 세티 1세(Seti I)가 기원전 1280년경에 오시리스 신(Osiris, 고대 이집트 사자(死者)와 부활의 신)께 바치기 위해 만든 신전이 있습니다. 그 신전의 한 상인방에는 실제로 헬리콥터 그림이 있죠. 정말로 현대의 헬리콥터와 아주 비슷해요. 뿐만 아니라 그 옆에는 레이싱카도 있고 잠수함이나 우주선처럼 생긴 그림들도 있습니다. 들여다보면 겉보기에는 무조건 헬리콥터예요. 그래서 그 그림

아비도스 신전 상인방에 새겨져 있는 부조.

을 근거로 고대 이집트에 슈퍼 테크놀로지가 있었다느니 오버 테크놀로지가 있었다느니 주장하는 분들이 많습니다. 일종의 음모론이기도 한데요.

사실 굉장히 간단한 현상입니다. '팔림프세스트(palimpsest)'라고 하는 현상으로, 기록 매체를 재사용하고자 사본에 기록되어 있던 원문자 등을 갈아내거나 씻어서 지운 후 그 위에 다른 내용을 덮어 기록하는 행위예요.

이곳에는 원래 세티 1세가 '데르-페세트-페세제트'라고 하는 문장을 썼어요. '아홉 개의 활을 쳐부순다'라는 뜻이죠. 여기서 아홉 개의 활은 고대 이집트의 전통적 적들이고요. 그런데 세티 1세가 신전을 완공하지 못하고 사망합니다. 결국 그의 뒤를 이어 왕위에 오른 람

1장. 미스터리, 역사의 또 다른 풍경

63

세스 2세(Ramesses II)가 완공하는데, 그 과정에서 람세스 2세는 아버지가 썼던 문장 고쳐 씁니다. '메키-케메트-아아프-카수투'라고 말이죠. '이집트를 지키고 외국을 쳐부순다'라는 뜻이에요.

고대 이집트인들은 돌에 새긴 그림이나 문자를 고칠 때면 회를 칠한 다음 말려서 다시 그곳을 새로운 그림이나 문자로 팠습니다. 그런데 시간이 흐르면서 회가 떨어지는 경우가 생기죠.

그렇게 두 개의 문장이 겹칠 수 있는데 아비도스의 신전에선 우연히 헬리콥터나 우주선처럼 보이게 된 겁니다. 고대 이집트 문자를 읽을 수 있으면 굉장히 간단하게 해결되는 문제인데, 그림의 모양만 갖고 직관적으로 판단하기 때문에 그런 식으로 주장했던 거죠.

허준　　　　이슬람에도 굉장히 발전된 기술, 이를테면 슈퍼 테크놀로지나 오버 테크놀로지가 발달하지 않았었나요?

박현도　　　　예전에는 사람이 뭔가를 볼 때 '눈에서 빛이 나와 볼 수 있다'고 믿었어요. 그 믿음을 처음으로 깨부숴 '빛이 반사되어 눈이 물체를 인식한다'라고 처음 주장한 사람이 무슬림 학자입니다. 965년에 지금의 이라크 바스라에서 태어난 '이븐 알하이삼(ibn al-Haytham)'이에요. 광학 이론에 가장 큰 공헌을 세워 '광학의 아버지'라고 불리죠. 1015년에 7권으로 된 『광학의 서(The Book of Optics)』라는 책을 써서 1270년에 라틴어로 번역 출판되기까지 했습니다.

빛이 눈으로 들어와서 우리가 사물을 볼 수 있는 거라는 사실을 실험으로 증명했죠. 그가 고안한 실험 방식이 오늘날의 카메라로 이어졌고요.

2015년에 유엔이 정한 '세계 빛과 광기술의 해'를 맞이해 1천 주년 된 『광학의 서』로 이븐 알하이삼의 이름을 처음으로 제대로 거론했어요. 애초에 『광학의 서』 1천 주년을 기념하고자 세계 빛과 광기술의 해를 정한 것이었죠.

그리고 비행 물체를 처음으로 만든 사람이 또 무슬림입니다. 지금의 스페인 코르도바 출신으로 '압바스 이븐 피르나스(Abbas ibn Firnas)'라고 하는 9세기 사람이에요. 역사상 처음으로 무동력 비행을 실험했다고 알려져 있죠. 그는 나뭇가지와 천으로 날개를 만들어 모스크 종탑에서 뛰어내렸어요. 얼마간 비행하는가 싶었지만 오래지 않아 추락하고 말았습니다. 결국 크게 다쳤다고 하죠.

또 15세기 아랍어 사전을 보면 무슬림 세계가 석유를 정제할 줄 알았습니다. 그때 이미 석유 정제 기술이 있었던 거죠. 그래서 등유를 약으로 쓰기도 했고요. 소화제로도 먹었다고 합니다.

일련의 역사를 들여다보면 중간시대(중세) 때 타 지역, 타 세계보다 무슬림 세계가 참으로 많이 발전했던 것 같습니다.

요하네스 헤벨리우스(Johannes Hevelius)의 『월면도(月面圖)』 권두 삽화.
왼쪽에 압바스 이븐 피르나스가 이성에의 지식을 상징하고
오른쪽의 갈릴레오 갈릴레이가 감각에의 지식을 상징한다.

일리는 있고 정확하진 않은 고대 이집트 음모론

허준　'이건 정말 아니지 않나?' 하는 음모론이 있을까요?

박현도　음모론 하면 중동이 세계 최고 아니겠습니까. 중동에서 일어나는 모든 일의 뒤에 미국이 있다든지 이스라엘이 있다든지 생각하니까요. 쿠데타를 지원하는 등 그동안 미국이 중동에서 나쁜 짓을 많이 하긴 했죠. 또 요즘 떠도는 음모론 중에 '미국 국방부가 국방비를 많이 타내고자 미중 갈등을 더 강력하게 부상시킨다'는 얘기도 있더라고요. 그러고 보니 음모론의 최고는 중동이 아니라 미국이겠네요.

곽민수　　　　　이집트 관련해 프리메이슨(Freemason)이 얽힌 음모론이 있습니다. 이집트에서 고고학 조사를 할 때 새로운 사실이 밝혀져 프리메이슨으로 하여금 자신들이 만들어온 역사가 바뀔까 봐 두려워 막고 있다는 음모론이죠.

예컨대 스핑크스(Sphinx) 지하에 방 하나가 있는데 고고학자가 그 방을 조사하려니까 이집트 정부에서 못하게 했다, 그 뒤에 프리메이슨이 있었다는 거죠. 그런데 실제로는 지진파 탐사 등 이것저것 할 건 다했어요. 결국 특별한 건 없다는 결론을 내렸습니다. 그런데 일반 시민 대중에겐 이 사실이 잘 전달되지 않다 보니 음모론이 계속해서 재생산되는 거죠.

피라미드와 관련해서도 마찬가지입니다. 스핑크스 지하 방처럼 피라미드 조사도 이집트 정부가 못하게 막고 있다는데, 실제로는 못하게 막고 있지 않고 지속적으로 조사가 이뤄지고 있습니다.

다만 조사를 하기 위해선 이집트 정부에 허가를 받아야 하는데, 절차가 굉장히 까다로워요. 대피라미드 왕비의 방에 있는 환기구 조사도 대략 10년에 한 번씩 이뤄지고 있을 정도죠.

즉 고고학적 조사를 하기 위해 허가를 받는 게 까다로운 것이지 이집트 정부가 조사 자체를 막고 있는 건 아니라는 말입니다.

음모론들은 대체로 일부의 정확한 사실에 사실로 확인되지 않은 근거들을 살로 붙여 만드는 경우가 많습니다. 예컨대 완벽한 음모론이라고 말할 수는 없겠지만 음모론적인 피라미드 이론이 있습니다. 이집트의 여러 피라미드가 오리온자리 모양을 따라 만들어졌다고 하는 학계 바깥의 이론이 대표적인 예죠. 오리온자리를 보면 '오리온의 허리띠(Orion's Belt)'라고 해서 세 개의 별이 나란히 줄지어 있는데 기자의 세 피라미드(쿠푸, 카프레, 멘카우레) 배치와 비슷합니다. 뿐만 아니라 별자리와 관련된 고대 이집트 가설 또는 음모론적인 이론들이 많습니다. 일리도 있고 또 그럴듯해요.

그런데 자세히 들여다보면 정확하지 않은 경우가 많습니다. 그럼에도 대충 맞지 않느냐면서 우기는 분들이 있죠. 관련된 구체적인 지식이 아예 없거나 지식을 갖고 계시긴 하지만 빈틈이 많은 분들이 보면 어느 정도는 맞는 부분도 있으니 믿게 되는 거예요.

오리온자리 이론은 조금 더 자세히 살펴봐야 합니다. 기자의 세 피라미드가 오리온자리의 '오리온의 허리띠' 세 개의 별을 염두에 두고 배치했을 가능성이 있다고 학자들도 나름 동의합니다. 실제로 고대 이집트인들은 오리온자리가 사자와 부활의 신 오시리스와 관련이 있는 별자리라고 생각했어요. 다만 오리온자리 전부와 오시리스를 연관 지은 게 아니라 오리온의 허리띠 세 개의 별하고만 연관 지었죠. 그런데 음모론자들은 오늘날 사용되고 있는 오리온자리 전체를 염두에 두고 모든 별의 위치에서 피라미드를 찾으려 듭니다.

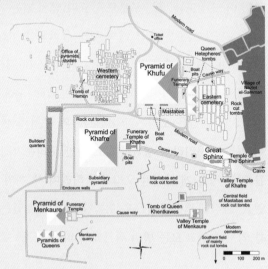

위. 오리온의 허리띠.
아래. 기자의 세 피라미드.

Question 1

고대 이집트인들도 그들이 사는 곳 또는 나라를 '이집트'라고 불렀
나요? 그렇지 않았다면 무슨 이름으로 불렀나요?

곽민수   오늘날 '이집트'는 고대 그리스어 '아이깁토스(Aἴγυ
πτος)'에 어원을 둡니다. 이 이름의 구체적인 의미는 불명이지만 연
구자들에 따라서 멤피스(Memphis)의 또 다른 이름인 고대 이집트어
'후트-카-프타(ḥwt-kȝ-ptḥ, 𓉗𓂓𓊪𓇳)'에서 유래한다고 설명하기도
하죠. 고대 이집트인들은 이집트를 '케메트(kmt, 𓆎𓅓𓏏𓊖)'라고 불렀습
니다. 케메트는 '검은 땅'이라는 뜻으로, 나일강이 매년 범람하는지
라 이집트에 확보할 수 있었던 비옥한 토양의 색깔이 검은색이었던
것에서 기인하죠. 고대 이집트인들은 이 비옥한 검은색 흙을 살아가
는 공간의 가장 중요한 정체성으로 여겼던 것 같습니다.

그리스-로마 신화의 신들처럼 고대 이집트의 신들도 각자 역할이 있었을 텐데요. 주요 신들의 역할이 무엇이었는지 궁금합니다.

곽민수　　　고대 이집트의 신들은 그리스-로마 신화 속의 신들처럼 딱 떨어지는 역할과 상징성을 갖고 있진 않아요. 물론 고대 이집트인들이 일상적으로 경험했던 여러 자연 현상을 설명하고자 신들이 동원되었던 만큼, 자연 현상과 관련 있는 신들이 있긴 합니다. 이를테면 누트(Nut)는 하늘의 여신이고, 게브(Geb)는 땅의 남신이며, 슈(Shu)는 공기의 신, 테프누트(Tefnut)는 습기의 여신, 이런 식으로 말이죠.

그러나 신들이 갖고 있는 상징성은 완전하게 고정적이진 않았습니다. 예컨대 디즈니플러스 오리지널 드라마 시리즈 〈문 나이트(Moon Knight)〉에 등장하는 이집트의 신 콘수는 드라마 속에선 '달의 신'으로 나오죠. 그러나 콘수가 달의 신 역할을 맡게 되는 건 이집트 역사속에서 신왕국 시대 이후의 일입니다.

그런 만큼 이집트의 신들은 여러가지 맥락 속에서 다양하게 이해됩니다. 또 다층적인 의미가 부여되었고요.

피라미드, 신전 등 고대 이집트의 건축물들은 주로 석재를 이용해 지어졌던 것 같습니다. 그렇다면 그 큰 돌을 어떻게 운반했을까요?

곽민수   석재 운반은 다양한 방식으로 이뤄졌던 것으로 보입니다. 일단 장거리 운반의 경우에는 나일강을 적극 사용했죠. 이집트 문명은 나일강을 따라 형성된 일종의 '선형 문명'이기 때문에 나일강을 이용하면 이집트의 거의 대부분 지역에 빠르고 쉽게 도달할 수 있습니다. 더욱이 나일강은 남쪽에서 북쪽으로 흐르는 데 반해 바람은 북쪽에서 불어오는 경우가 많았기 때문에 배를 사용하면 남과 북을 자유롭게 오갈 수 있었어요.

이후 육상에서 무거운 석재를 운반할 때는 썰매 같은 도구를 사용했던 것으로 보입니다. 썰매 앞쪽에 물을 뿌려가며 바닥의 흙을 진흙으로 바꿔 마찰력을 줄였을 가능성이 크죠.

2장

역사를 뒤흔든
이들의
재발견

조선이란 나라에 가보고 싶었던 나폴레옹

허준 ──────── 놀랍게도 나폴레옹이 '조선(朝鮮)이란 나라에 가보고 싶은데?'라고 말한 적이 있다고 하는데, 유럽을 뒤흔들었던 나폴레옹이 동방의 작은 나라 조선에 가보고 싶었다니 신기할 따름입니다. 실제로 남긴 말인가요?

강인욱 ──────── 맞습니다. 나폴레옹은 러시아와의 전쟁에서 대패한 후 실각해 1815년 세인트헬레나섬에 유배되어 실의에 빠져 있었어요. 그때 마침 영국의 해군 장교 바실 홀(Basil Hall)이 나폴레옹을 찾아갑니다. 1816년 조선의 서부 해안과 오키나와 등을 탐사하고 돌아가는 길에 세인트헬레나섬에 들렀던 거죠. 그때가 1817년이었습니다.

그런데 사실 나폴레옹으로선 내키지 않는 만남이었죠. 자신을 좌절시킨 영국 해군, 그것도 스무 살이나 어린 하급 장교를 왜 만나고 싶겠습니까. 바실이 모든 것에 흥미를 잃은 나폴레옹과 어떻게 대화를 이어갈까 걱정하니 옆에서 "너 얼마 전에 조선이랑 오키나와에 다녀왔잖아. 자료를 보여드리면서 얘기하면 어때?"라고 조언을 해줍니다. 그래서 대화가 끊길 무렵 자연스럽게 그림을 보여주니 나폴레옹이 '어? 이거 뭐야?' 하는 표정으로 관심을 보였던 거죠.

그림을 보니 기다란 담뱃대도 보이고 커다란 갓을 쓰고 있는 노인도 보여요. 나폴레옹이 "와, 이 노인 진짜 멋있네" 하더니 "아, 정말 가보고 싶다" 했다는 거죠. 나폴레옹은 왜 조선의 갓에 끌렸을까요. 아마 '나폴레옹 콤플렉스(Napoleon complex)'라는 용어처럼 나폴레옹은 평소 열등감을 위엄 있는 이미지로 포장하려 한 거라고도 생각할 수 있습니다. 물론 실제 나폴레옹은 키가 그리 작지 않고 당시 적국이었던 영국이 만들어낸 잘못된 정보라는 설도 만만치 않지만요.

어쨌거나 화려한 의복과 모자로 치장하고 위엄을 드러내는 데 관심이 많았던 나폴레옹이었으니 작은 나라 조선의 노인이 화려한 갓으로 위엄을 부리는 모습이 크게 와닿았던 모양입니다.

마량진 첨사 조대복이 선상에서 문정하고 있는 모습.
바실 홀의 『한국 서해안 항해기』(1818) 중.

그런데 나폴레옹이 갑자기 "이거 얼마냐, 갓 하나에 얼마냐"하고 물어보니, 바실이 "조선에 잠깐 있었을 뿐이라 얼마인지는 잘 모릅니다"하고 대충 얼버무렸다는 거죠.

그러자 나폴레옹은 조선으로 가는 바닷길을 물어보면서 관심을 보였습니다. 자신을 주저앉힌 영국 해군에 대한 한이 많았으니 언젠가 권토중래(捲土重來), 즉 다시 힘을 기르면 그 해로로 가서 한풀이할 수 있지 않을까 생각을 했나 봅니다.

아쉬운 게, 바실은 프랑스어를 잘하지 못했다고 해요. 나폴레옹은 당연히 프랑스어로 말했고요. 바실이 프랑스어를 좀 더 잘했으면 정말 많은 얘기가 오갔을 텐데요. 말년의 나폴레옹이 콤플렉스의 대상이자 적국의 해군 장교에게 해줄 얘기가 많았을 텐데 아쉽습니다.

각 나라를 대표하는 구국영웅들의 면면

허준   대한민국의 역사를 보면 이순신을 두고 영웅이라는 칭호 이상의 성웅(聖雄)이라고까지 부르는데, 인류 역사상 그런 영웅들이 누가 있을까요? 개인적으로 백년전쟁(百年戰爭)의 영웅, 프랑스의 잔 다르크(Jeanne d'Arc)가 생각납니다.

강인욱   카자흐스탄 유목민족 중에 '사카족(아케메네스 왕조 시절 페르시아인이 스키타이인을 부를 때 썼다. '사카'라는 이름은 인도유럽조

페테르 파울 루벤스(Peter Paul Rubens),
〈핏물로 채운 단지에 키루스 2세의 수급을 집어넣는 토미리스 여왕〉, 17세기.

어로 궁수를 뜻하는 단어에서 비롯된 것으로 추정된다)'이 있었습니다. 사
카족계의 유목민족 마사게타이(Massagetae)를 그 유명한 키루스 2세
(Cyrus II)가 쳐들어오죠. 키루스 2세라고 하면 인류 역사상 최초의
거대 제국을 건설한 군주로 아케메네스 왕조 페르시아(Achaemenid
Persia)의 창건자입니다. 『구약성서(舊約聖書)』에서 '고레스'라는 이름
으로 등장했고 '키루스 대제'라 불릴 정도로 대단한 정복자죠.

키루스 2세가 마사게타이 정복 전쟁에 나서 토미리스(Tomyris) 여왕의 아들을 포로로 잡는 등 선전하지만 이내 분노가 극에 달한 토미리스에게 패배해 목이 날아갑니다.

이 이야기가 사실 굉장히 극적인데, 자세하게 남아 있진 않아서 정확한 상황은 알 수 없어요. 어쨌든 토리미스 여왕은 현대 카자흐스탄에서 구국의 영웅으로 평가받고 있죠.

곽민수   고대 이집트에도 구국의 영웅이라고 부를 수 있는 파라오가 있습니다. 그런데 역설적이게도 그가 나라를 구했기 때문에 결국 고대 이집트가 망했다고도 말할 수 있습니다. 그 영웅은 신왕국 제20왕조의 파라오 람세스 3세(Ramesses III)입니다. 최후의 위대한 파라오로 알려져 있죠. 널리 알려진 람세스 2세와는 혈연관계가 없고 람세스 3세가 1세기 정도 후의 사람입니다.

기원전 1186년에 재위에 올라 30여 년간 나라를 다스린 람세스 3세가 뭘 했을까요? 결론부터 말하자면, 지중해 세계에서 청동기 시대의 붕괴가 일어나고 있던 때 다른 청동기 문화권 나라들이 모두 멸망 당했음에도 이집트를 지켜냈어요. 그야말로 구국의 영웅이죠.

기원전 1200년경에서 기원전 1150년 사이에 지중해 세계는 청동기 시대의 종말을 맞이합니다. 정체불명의 '바다 민족(Sea Peoples)'이 지중해 전역을 떠돌면서 미케네, 히타이트, 크레타, 사이프러스, 동지중해 여러 도시 국가 등의 당시까지 융성하고 있던 다양한 청동기

람세스 3세 무덤 KV11의 벽화.

문화권에 궤멸적인 타격을 입힙니다. 그들은 중부 지중해와 그리스 북쪽 등의 여러 인구 집단이 합쳐진 난민 집단이라고 추정되는데, 아무래도 생존과 관련이 있는 이동을 하다 보니 다분히 폭력적으로 돌변해 여러 문화권을 붕괴시켰다고 생각합니다.

가장 강력한 이집트도 예외는 아니었습니다. 바다 민족은 여지없이 쳐들어갔죠. 그런데 유일하게 이집트만 그들의 침략을 막아냅니다. 그 침략을 막아낸 주인공이 바로 람세스 3세고요. 람세스 3세는 재위 8년째 되는 해에 바다로부터 이집트로 침입하는 바다 민족을 나일강 하구에서 막아냅니다. 기원전 1175년의 일이에요. 그렇게 고대 이집트는 존속될 수 있었죠. 바다 민족의 침략 이후에도 고대 이집트의 신왕국 시대는 100년 넘게 안정적으로 유지될 수 있었습니다. 그런데 조금 더 긴 시간의 스케일로 이 사건을 들여다보면 이때로부터 고대 이집트의 종말이 시작된다고 할 수 있습니다. 왜 그럴까요? 당시 지중해 청동기 문화권들은 모조리 바다 민족의 침략으로 멸망했습니다. 강력한 정치체들이 근동 지역에서 사라지게 된 거죠. 이후 기원전 10세기경이 되면 철기를 사용하는 집단들이 등장합니다. 그런데 이들과 경쟁을 할 만한 청동기 사용 집단이 이 지역에는 남아 있지 않았어요. 그런 만큼 철기 사용 집단은 근동 지역에 자리를 잘 잡고 탄탄한 정치체를 만들 수 있었습니다.

이집트는 원래 보수적이기도 하거니와 청동기 문화로도 충분히 성공을 이룩했어요. 특별히 철기를 받아들여야 할 이유가 없었기 때문에 이집트는 철기를 받아들이지 않습니다. 기원전 332년에 알렉산드로스 대왕(Alexander the Great)이 이집트를 침공해 점령할 때까지 이집트는 계속해서 청동기 사용 국가로 남아 있었죠. 그러다 보니 기원전 7세기쯤이 되면 이집트는 더 이상 근동 지역의 패권 국가가 아니라 소위 말해 '동네북'으로 전락해요. 이를테면 메소포타미아 지역의 아시리아나 페르시아한테 도저히 이길 수 없는 지경에 이른 거죠. 군사적으로 볼 때 청동기 무기와 철기 무기가 맞붙으면 당연히 청동기가 철기를 당해낼 재간이 없습니다.

그렇게 이집트는 점차 몰락해 가는데, 그 기간이 무려 1천 년 넘게 걸렸어요. 그 몰락의 그래프가 꺾이기 시작하는 지점이 바로 람세스 3세 시대라고 말씀드릴 수 있을 것 같습니다.

박현도　　　　중동 역사에도 구국의 영웅이 있습니다. 정확히 말하면 이슬람의 세계 전체를 지킨 '구세의 영웅'이죠. 살라딘(Saladin)으로 잘 알려진 '살라훗딘(Salah ad-Din)'입니다. 이름은 아니고 타이틀이에요. '올바른 신앙을 지닌 사람'이라는 뜻이죠. 이름은 유수프(Yusuf)로 '요셉'의 아랍어고요. 무슬림식으로 이름을 제대로 쓰면 '알 말리크 안 나시르 아부 알 무자파르 살라흐 앗 딘 유수프 이븐 아이유브'.

살라훗딘은 십자군 전쟁(Crusades)의 영웅이기도 해요. 그는 1187년 하틴 전투(Battle of Hattin)로 예루살렘 왕국(Kingdom of Jerusalem)을 사실상 멸망시키면서 십자군한테 뺏겼던 예루살렘을 수복합니다. 이후 그는 그리스도인들을 모두 살려줍니다. 거기 그대로 살게 해주죠. 포로도 절대 죽이지 않았고요. 뺏는 건 누구나 할 수 있지만 살리는 건 누구나 할 수 없지 않습니까. 하여 살라훗딘을 두고 위대하다고 하는 거죠. 반면 제1차 십자군 전쟁(First Crusade) 때 십자군이 예루살렘을 뺏었을 때는 살고 있던 무슬림, 유대인 할 것 없이 다 죽여 버렸습니다. 교회와 회당에 넣어 불 질러 죽였죠.

한편 살라훗딘은 유럽에서도 존경받는 위인입니다. '사자심왕'이라는 별칭으로 유명한 잉글랜드의 리처드 1세(Richard I of England)와의 이야기가 있는데요. 살라훗딘에게서 예루살렘을 탈환하고자 출정한 제3차 십자군 전쟁(Third Crusade) 때 리처드 1세와 살라훗딘이 정면 충돌합니다. 살라훗딘은 이미 전설적인 영웅이었음에도 리처드 1세가 전혀 밀리지 않아요. 살라훗딘이 그동안 백전백승이었다고 하는데 리처드 1세에겐 고전을 면치 못했죠.

와중에 일화들이 있어요. 리처드 1세의 말이 죽어서 제대로 싸우지 못하고 있으니 살라훗딘이 좋은 말을 보내줍니다. 그런가 하면 리처드 1세가 잉글랜드를 너무 오래 떠나와 왕위가 위태로워 돌아가야 하니까 살라훗딘이 깔끔하게 보내줍니다. 그야말로 최고의 기사도를 갖춘 중세의 마지막 왕이 아니었을까요.

귀스타프 도레(Gustave Doré),
〈승리의 살라딘〉, 1850.

신의 화타를 뛰어넘는 세기의 명의들

허준　　　　중국 역사에서 최고의 의사 하면 화타(華佗)를 손꼽고, 한국 역사에선 단연 허준이지 않습니까. 유럽 역사에선 히포크라테스(Hippocrates), 클라우디오스 갈레노스(Claudius Galenus)가 있을 테고요. 그렇다면 아시아의 다른 지역에선 유명한 의사로 누구를 들 수 있을까요?

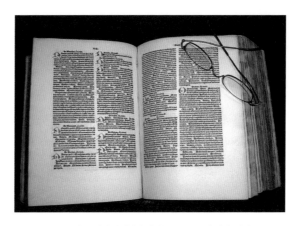

이븐 시나의 『의학전범』 1484년 라틴어 번역본 본문.

박현도   이슬람 역사에서 가장 위대한 의사 하면 역시 이
븐 시나(Ibn Sina)입니다. 의사일 뿐만 아니라 철학자로도 명성을 떨
쳤고요. 980년 지금의 우즈베키스탄에서 태어났지만 혼란스러운 정
국에 휘말려 이란에 정착해 활동했습니다. 불과 스무 살 즈음에 이
미 당대 뛰어난 의사로 인정받고 있었죠.

아리스토텔레스(Aristotle)에게 큰 영향을 받았고 중세 역사에서 최대
학자로 칭송받죠. 당대 알려진 모든 의학 지식과 교육 방법을 집대
성한 『의학전범(醫學典範)』은 히포크라테스나 갈레노스의 저서를 제
치고 17세기까지 유럽 의학의 기본서로 사용되었습니다. 그의 천재
적인 잡학다식을 집약시켜 백과사전 『치유의 서(The Book of Healing)』
를 집필하기도 했고요.

곽민수　　　고대 이집트에는 유명한 의사들이 굉장히 많이 전해집니다. 오래된 문명이기도 하지만 아무래도 기록 문화가 발전했기에 그런 것 같습니다.

이를테면 고왕국(Old Kingdom of Egypt) 제3왕조의 파라오 조세르(Djoser)의 치과의사였던 헤시라(Hesy-Ra)나 제6왕조 때의 왕실 의사 카르(Qar)가 있습니다. 카르의 경우 기원전 2300년경 사람인데 그가 사용했을 것으로 추정되는 청동 수술 도구들이 함께 발견되었죠. 인류 최초의 여성 의사 페세쉐트(Peseshet)의 기록도 나옵니다.

고대 이집트의 수많은 명의 가운데서도 가장 유명한 의사는 한 번쯤 이름을 들어봤음직한 임호텝(Imhotep)일 것입니다. 유구한 고대 이집트 역사 속에서 현자의 전형으로 여겨지는 인물이죠.

기원전 27세기경에 살았고 조세르 파라오의 재상이자 이집트 최초의 계단식 피라미드를 설계한 건축가로도 유명합니다. 그뿐만 아니라 의학, 천문학, 철학 등 가히 모든 면에서 뛰어났고요. 후세에 신격화되어 '의술의 신'으로 추앙받죠. 그래서 고대 그리스인들은 그리스 신화 속 의술의 신인 아스클레피오스(Aesculapius)와 임호텝을 동일시했어요.

임호텝은 굉장히 훌륭한 사람이기도 하고 이름 자체가 굉장히 좋은 의미를 갖고 있기도 합니다. '평화 가운데 오다'라는 뜻이죠. 임(Im)이 '오다'라는 뜻이고 호텝(hotep)이 '평화로운, 만족스러운'이라는 뜻이에요.

그런데 임호텝이 일반적으로 이미지가 좋진 않습니다. 잘못 알려져 있기 때문인데, 1999년과 2001년에 개봉해 전 세계적으로 크게 히트한 영화 〈미이라(The Mummy)〉 〈미이라 2(The Mummy Returns)〉에서 그는 부활한 고대 이집트 마법사로 세계 정복을 꿈꾸며 각각 메인 빌런과 서브 빌런으로 활약했죠.

이집트 역사를 통틀어서 가장 훌륭한 인물이라 해도 과언이 아닐 정도인 임호텝이지만 할리우드 영화 제작 과정에서 모종의 이유로 메인 빌런이 되어버렸습니다. 역사 왜곡의 느낌을 가져다주는 캐릭터라고 할 수 있겠네요.

루브르 박물관(Louvre Museum)이 소장한 임호텝 조각상.

관우는 정말 바둑을 두며 뼈를 깎았을까

허준 _____ 『삼국지(三國志)』를 보면 황당한 장면이 종종 나오죠. 기억에 남는 장면이 하나 있는데요. 관우(關羽)가 전투에서 부상을 당했는데 독약 묻은 화살에 맞지 않았습니까? 명의(名醫) 화타를 모셔왔잖아요. 그런데 화타가 관우의 살을 째고 뼈를 깎고 살을 꿰맬 때 관우는 술 몇 잔 마시고 신음 소리 한 번 내지 않으면서 한적하게 바둑을 뒀다죠. 그 시대에 마취가 가능했던가요? 뼈를 깎는 수술이 가능했다는 게 사실일까요?

강인욱   뼈를 깎는 수술은 고고학적으로 증명이 되었습니다. 뼈를 깎는 청동 칼이 시베리아에서 많이 나오고 있죠. 전문 용어로 '트리퍼네이션(Trepanation, 두개골에 구멍을 뚫어 뇌의 혈류를 좋게 함으로써 신체 능력 또는 감각을 초인적으로 발휘할 수 있도록 하는 시술)'이라고 합니다.

이 수술, 즉 두개골을 뚫는 수술은 약 8천 년 전 신석기 시대부터 발달되었습니다. 고고학 발굴로 구멍 뚫린 머리뼈가 종종 발견되는데요, 흔적이 당시에 사용했던 청동제 칼과 거의 유사합니다. 즉 청동기로 무기만 만든 게 아니라 수술용 칼도 제작했다는 뜻이죠.

곽민수   고대 이집트에서 미라를 만들 때 콧구멍으로 꼬챙이를 넣어선 뇌를 부숴 얼굴의 구멍으로 액체화되어 빠져나오게끔 하는 작업을 했다고 알려져 있습니다.

그런데 뇌를 부수더라도 콧구멍이나 귓구멍을 통해서만 내보내는 게 쉽지 않아요. 그래서 뒤통수에 구멍을 뚫어 뇌수가 빠져나오게끔 하는 작업도 병행했다고 합니다.

고대 이집트에서 뇌와 관련된 외과 수술이 나름 체계적으로 행해졌다는 구체적인 증거들이 남아 있습니다. '에드윈 스미스 파피루스(Edwin Smith Papyrus)'라고 하는 고대 이집트 의학 매뉴얼이 그중 하나인데, 군사 행동을 하다가 다친 병사들을 치료하는 용도로도 쓰였던 것으로 보여요. 1862년 이 파피루스를 구입한 사람의 이름이 에

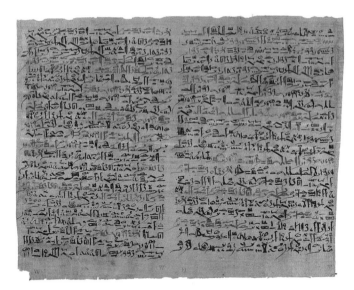

고대 이집트 의학 매뉴얼, 에드윈 스미스 파피루스.

드윈 스미스여서 그렇게 이름이 붙여졌다고 하죠.

기원전 1500년경의 기록인데, 보통 이집트 하면 마법적으로 또는 주술적으로 사람을 치료했을 것 같지만 꼭 그렇지도 않았어요. 내과 계통의 질환은 주술적으로 치료했던 반면 외과 계통의 경우 실제적이고 경험적으로 확인되는 물리적 증상이다 보니 수술 방법이 구체적으로 설명되어 있습니다.

에드윈 스미스 파피루스를 보면 병례를 마흔여덟 가지로 나눠 치료법을 설명하고 있는데 두개골과 관련된 치료법도 있습니다. 나아가 감염에 관한 인식을 확실하게 했던 것 같은 게, 수술을 하기 전에 잘 씻어 면도를 하는 게 중요하다든지 상처가 있으면 꿀을 발라 외부로부터 이물질이 유입되지 않게 하는 게 중요하다든지 하는 제안도 하고 있죠.

박현도　　　이슬람은 아무래도 서기 600년 이후에 시작되어서 온갖 지혜를 집대성합니다. 본래 고대에 의학기술이 발달한 게 그리스 아닙니까. 그리스 의학서들을 전부 아랍어로 번역해 이슬람 의학을 발달시키죠. 그래서 서양보다 일찍 병원을 지어 환자들 소독하고 마취하고 수술했어요.

그리고 16, 17세기 중반까지 서양에서 의학 교과서로 많이 썼던 게 이븐 시나의 저서예요. 라틴어로 'Avicenna', 즉 아비켄나 또는 아비센나라고도 불리는데 10~11세기 페르시아 제국의 철학자이자 의학자로 중세 시대 최고의 학자 중 한 사람이죠.

기록에서 봤는데, 무슬림들은 우리나라처럼 부항을 한다고 해요. 사혈도 하고요. 그런 전통적 요법을 지금도 그대로 하고 있는 거죠. 또 이슬람에도 우리의 한의학처럼 전통 의학이 존재합니다. 우리와는 다르지만요. 우리는 양의학과 한의학이 서로 대립 관계에 있지 않습니까. 과학적이다, 비과학적이다 하고 말이죠. 그런데 이슬람에는 그런 대립이 별로 없는 것 같아요. 서로 접목하려고 노력합니다.

『정사 삼국지』의 일부.

강인욱　　　　소설 『삼국지연의(三國志演義)』 말고 역사가 진수 (陳壽)의 역사서 『정사 삼국지(正史 三國志)』를 보면 「방기전」에 화타에 대한 기록이 있습니다.

화타는 이렇게 말합니다. "뱃속에 종양이 있으면 먼저 침을 쓰고 안되면 약을 쓰고 그래도 안 되면 마비산을 먹게 한다. 그럼 술에 취한 것처럼 지각을 못 느낀다. 그때 수술을 한다."라고 말이죠. 그리고 "장을 잘라 절단하고 세척해 봉합하고 고약을 바르면 다 낫는다."라고 합니다. 심지어 누군가 오면 "당신을 딱 보니 수술을 해도 10년을 살고 수술을 하지 않아도 10년을 산다. 그러니 수술을 하지 마라, 필요없다."라고 해요. 그래도 수술을 해달라고 해서 수술을 해줬는데 10년 후에 죽었다고 하죠.

그래서 아마도 화타가 관우를 치료할 때 환부에 마약을 바르고 뭔가를 먹인 게 아닌가 싶어요. 다만 마취약을 먹이면 정신을 잃어 바둑을 두지 못했을 테니까 알코올이나 환각제를 섞어 고통을 느끼지 못하게 하지 않았을까 싶습니다. 관우가 바둑을 두긴 했는데 이겼는지 졌는지는 나오지 않잖아요.

나폴레옹의 이집트 원정이 갖는 큰 의미

허준　　　　나폴레옹이 1796년에 이탈리아를 침공하면서 본격적으로 나폴레옹 전쟁이 시작되었죠. 그때를 보면 여러모로 충분히 이해가 갑니다. 금전적으로 너무나도 부족해 제대로 된 보급은 커녕 병사들한테 월급도 주지 못하던 시기에 이탈리아를 침공하면서 해결하고 또 나아가 시민들의 지지를 얻어 타 국가의 공격을 막아내겠다는 의도도 있었잖아요. 그런데 1798년에 이집트는 왜 침공했을까요? 이해하기 힘듭니다. 결국 실패하고 말았잖아요.

곽민수 나폴레옹의 이집트 원정(French campaign in Egypt)은 군사 정치적으로 큰 의미가 있습니다. 하지만 학술적으로도 큰 의미가 있어요. 나폴레옹은 이집트 원정을 떠나기 전부터 철저히 준비하고 있었습니다. 관련 책을 섭렵한 건 물론이고, 이집트에 가서 여러 언어로 인쇄하고자 프랑스 전역에서 인쇄 장치들을 징발하죠. 심지어 바티칸에도 부하를 파견합니다.

일련의 노력을 비춰볼 때 나폴레옹이 애초에 '나는 이런 사람이 될 거야' 하는 비전이 있었기 때문이 아닌가 싶어요. 정치적 지도자로서뿐만 아니라 계몽 군주로서의 비전도 있었을 것 같습니다.

이집트는 알렉산드로스 대왕이나 율리우스 카이사르(Julius Caesar)보다도 더 이전부터, 이를테면 페르시아 제국, 아시리아 제국, 메소포타미아 제국한테도 일종의 '트로피'였습니다. 이집트 정복으로 정치적, 문화적 역량을 공식적으로 확인받는 거죠. 그런 측면에서 이집

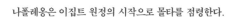

나폴레옹은 이집트 원정의 시작으로 몰타를 점령한다.

트에 환상을 품고 있었던 것 같아요.

기록으로도 남아 있는데, 나폴레옹이 1798년 이집트 원정을 떠날 때 167명의 전문가를 데리고 갑니다. 그런데 그들에게 어디로 가는지 말해주지 않아요. 이집트 원정 자체가 극비 작전이었기 때문이죠. '우리가 어디로 원정을 가는데, 조사할 게 많을 거야'라면서 전문가를 고용한 거예요. 나폴레옹은 가장 먼저 시칠리아 남쪽의 작은 섬 몰타를 점령해요. 그리고 몰타에서 이집트로 향할 때 드디어 '이집트로 간다'라고 선언합니다.

그때 나폴레옹이 연설을 합니다. '제군들이여, 우리는 이집트로 향하고 있다. 그대들은 우리 문명과 세계 무역에 미치는 효과가 산술적으로 계산할 수 없을 만큼 엄청난 탐험을 시작할 것이다. 우리는 이슬람 교도들을 만날 것이다. 그대들이 수도원이나 시나고그(synagogue, 유대교 회당) 그리고 모세(Moses)와 예수 그리스도(Jesus Christ)의 종교에 갖고 있는 것과 같은 관용을 『쿠란(Quran)』이 규정한 의식이나 모스크에 가져라.' 로마 제국(Roman Empire)은 모든 종교를 존중하고 보호했어요. 나폴레옹이 로마 제국을 롤모델로 삼았다는 사실이 분명하게 드러나는 대목입니다.

나폴레옹 원정군과 함께 이집트에 갔던 전문가들이 1802년 나폴레옹이 철수한 후 20여 년에 걸쳐 책을 집필해요. 일종의 이집트 백과사전으로 『이집트 지(Description de l'Egypte)』라는 책이었습니다. 그 책이 유럽의 지식인 사회에 고대 이집트에 대한 열망을 부추겨요.

1809년판
『이집트 지』 표지.

수많은 분야의 전문가들이 고대 이집트를 탐구하게끔 하는 기폭제
가 되었죠.

1798년의 나폴레옹 이집트 원정은 '집단적 학술 원정'이었던 겁니
다. 이후 서구 사회에선 롤모델로 작용한 것이고요. 그래서 서구의
대학교나 박물관에서 원정대를 꾸려 이집트로 보내 '조사'라는 명목
하에 유물들을 약탈하거나 불법적으로 반출하는 작업이 20세기 초
반까지 반복되었습니다.

클레오파트라가 흑인이었다는 주장에 대하여

허준　　　　작년 월트 디즈니의 〈인어공주(The Little Mermaid)〉
와 넷플릭스 오리지널 다큐멘터리 시리즈 〈퀸 클레오파트라(Queen
Cleopatra)〉가 연이어 우리를 찾아오면서 '블랙워싱' '역사 왜곡' 논란
이 상당했죠. 급기야 이집트 관광유물부는 〈퀸 클레오파트라〉가 역
사를 왜곡했다는 공식 입장을 내놓기도 했고요. "클레오파트라의 피
부색은 밝고 그리스계라는 건 모두가 동의하는 부분"이라고 주장했
습니다. 이에 대해 어떻게 생각하시는지요?

곽민수　　　　말씀하신 대로 〈퀸 클레오파트라〉가 공개되기 전
부터 논란이 격하게 일었습니다. 우리나라에선 좀 덜한 편이었으나
전 세계적으로 여파가 심했고 특히 이집트에선 엄청나게 격렬한 반
응이 일었죠. 이 작품은 클레오파트라 7세(Cleopatra VII, 이하 '클레오파
트라')를 일반적인 의미의 아프리카 계통 흑인 여성으로 묘사하고 있
어요. 기존에 전통적으로 클레오파트라를 묘사한 방식과 다를뿐더
러 역사적으로 근거가 거의 없는 상태에서 너무 극단적인 변화를 추
구했기 때문이기도 합니다.

저도 정확하게 알 수는 없지만 아마도 넷플릭스에선 대중적으로 유
행하고 있는 PC(Political Correctness, 정치적 올바름)를 상업화하는 흐름
에 관심을 두고 그 선상에 이 작품을 둔 게 아닌가 싶어요. 그런데
클레오파트라를 흑인으로 묘사하는 건 단순히 PC의 상업적 유행 차
원뿐만 아니라 보다 더 오래된 역사적 배경이 있습니다.

20세기 중반에 미국에서 아프리카계 미국인들이 '아프리카계 미국
인 민권 운동(African-American Civil Rights Movement)'을 펼치면서 인종
적인 정체성의 자부심을 고취하고자 자랑스러운 아프리카의 역사,
자랑스러운 흑인의 역사를 강조합니다. 그런 흐름을 '아프로센트리
즘(Afrocentrism, 아프리카중심주의)'이라고 부르는데요.

아프리카 대륙의 역사에 대해 잘 알지는 못하지만 굉장히 번영했
던 문명권들이 있습니다. 예컨대 서기 1세기부터 10세기까지 지
속된 에티오피아의 악숨 왕국(Kingdom of Aksum), 서기 1000년부터

그녀의 사후,
1세기에 그려진 클레오파트라의 초상화.

1450년경까지 지속된 위대한 짐바브웨(Great Zimbabwe) 등이 있죠.
그런 와중에 아프로센트리즘을 따르는 분들은 이런 문명권들보다
더 오래되고 또 더 유명한 이집트 문명을 흑인 문명권으로 규정했어
요. 아마도 〈퀸 클레오파트라〉 제작 배경에는 그런 바탕이 자리 잡
고 있었지 않나 싶습니다. 즉 실제 역사와는 거리가 좀 있는 대안 역
사관이 〈퀸 클레오파트라〉의 바탕에 깔려 있는 것입니다.

저는 〈퀸 클레오파트라〉가 역사 다큐멘터리라기보다 선전용 영상물

의 일환이라고 생각하는 편입니다. 물론 클레오파트라가 실제로 어떤 인종적 정체성을 갖고 있었는지 분명하진 않습니다.

클레오파트라의 시신이 미라로 발견되지 않았고, 또 그녀는 고대 이집트 역사의 말엽에 해당하는 프톨레마이오스 왕조의 일원인데 프톨레마이오스 왕조는 애초에 마케도니아 출신 사람들이 이집트에 들어와서 세운 왕조입니다.

프톨레마이오스 왕조가 세워진 이후 300여 년이 지난 시점에 클레오파트라가 왕위에 오르니 부계 쪽으로는 분명하게 그리스 쪽 마케도니아 혈통이 이어져 내려왔죠. 확실합니다. 문제는 모계 쪽인데 혼혈일 수도 있지 않습니까.

프톨레마이오스 왕조 내에선 족내혼(Endogamy, 혼인 상대를 같은 사회 집단에서 찾는 혼인)이 더 많이 행해지긴 했지만 중간중간 혼혈이 생겼을 가능성은 충분히 있습니다. 게다가 클레오파트라는 어머니가 누구인지 분명하지 않고 할머니조차 누구인지 분명하지 않습니다. 그런 상황에서 이집트 토착인들 혹은 누비아(Nubia) 출신이 왕가 계보에 들어왔을 가능성도 있죠.

그런가 하면 클레오파트라의 인종적 정체성을 말할 때 언급되는 사례가 있습니다. 튀르키예 에페소스 지역에서 무덤이 하나 발견되었는데 여러 가지 근거를 토대로 클레오파트라의 여동생인 아르시노에 4세(Arsinoe IV)의 무덤일 가능성이 높다는 판단을 내렸습니다.

사실 무덤에서 출토된 유골들의 데이터가 충분하진 않습니다. 무덤

을 19세기 후반에 발견했고 20세기 초반에 조사를 시작했는데 두개
골이 분실되어 오늘날에는 없거든요. 다만 두개골에 관한 자료가 당
시 보고서에만 들어가 있어서 그 내용을 토대로 연구를 해보니 아프
리카 계통일 수도 있겠다는 굉장히 조심스러운 추정을 한 거죠.

아르시노에 4세가 아프리카 계통의 혼혈일 가능성은 굉장히 낮고
또한 아르시노에와 클레오파트라의 어머니가 같을 가능성도 분명하
지 않지만, 아프로센트리즘에 경도된 분들은 러프한 근거의 이야기
들로 '클레오파트라는 흑인이었다'라고 확신하는 겁니다.

역사적으로 봤을 때 이집트 토착인들은 일반적인 흑인의 모습을 갖
고 있지 않았습니다. 다만 이집트 남쪽의 누비아 출신은 그 범주에
해당됩니다. 이집트와 누비아는 아주 오랫동안 지속적으로 교류를
했습니다. 그동안 누비아 지역은 이집트의 속국이자 착취의 대상이
었는데 기원전 8세기쯤에 누비아인들이 역으로 이집트를 정복하는
일이 일어나죠.

제25왕조 시대가 여기에 해당되는데요, 많은 누비아인이 이집트에
정착하기 시작했습니다. 그렇게 쭉 이어졌을 테니 기원전 3세기쯤
의 프톨레마이오스 왕조 시대 때는 흑인 계통의 혼혈이 생겨났을 수
도 있겠죠. 다만 저는 일말의 가능성을 말씀드렸을 뿐 클레오파트라
가 〈퀸 클레오파트라〉에서 묘사하는 것처럼 일반적인 의미의 흑인
이었을 거라는 가능성은 제로에 가깝다고 생각합니다. 매우 비합리
적인 주장이라고 생각하고요.

한편 클레오파트라 흑인 논란에 가장 분노한 이들은 다름 아닌 이집 트 사람들입니다. 이 다큐멘터리 시리즈가 공개되고 나서 이집트 시 민 사회에선 넷플릭스 탈퇴 운동이 일어났고 허준 MC가 말씀하신 대로 이집트 정부에서도 공식적으로 문제 제기를 했어요.

와중에 이집트 정부의 반응이 상당히 흥미로운데요, 고대 이집트 문 명을 흑인 나아가 아프리카 그리고 전통 아프리카와 연결 지으려고 하는 시도에 노이로제 반응까지 보였어요. 일례로 네덜란드 국립고 고학박물관이 이집트 특별전을 열면서 아프리카 전통음악 공연을 선보였나 봅니다. 그런데 이집트 정부가 그 사실을 파악하고 네덜란 드 국립고고학박물관을 이집트 사카라의 발굴 작업에서 퇴출시켜버 렸어요. 이탈리아 토리노박물관과 함께 공동으로 굉장히 중요한 발 굴 작업을 계속 해오고 있었음에도 말이죠.

허준　　　클레오파트라의 무덤이 발견된다면 인종에 대한 논란을 잠재울 수 있을 텐데요.

곽민수　　　아쉽게도 프톨레마이오스 시대의 왕묘들은 발견 이 잘 안 돼요. 당시 왕을 미라로 만들지 않은 경우도 굉장히 많고 요. 다만 한 가지 기대할 만한 소식이 있는데, 다름 아닌 클레오파트 라의 무덤을 발견할 수도 있다는 겁니다.

이집트 지중해변 알렉산드리아 서쪽에 '타포시리스 마그나(Taposiris

Magna)'라고 하는 도시가 있는데, 그곳에 클레오파트라의 무덤이 있을 거라는 가설을 갖고 20년 동안 발굴을 계속하고 있는 고고학자가 계세요. 그분이 지난 2022년 사원 안에서 긴 터널을 발견했고 그 끝이 비록 바닷속에 잠겨 있어서 통로의 끝까지 조사가 되진 못했지만, 발굴자들은 뭔가 중요한 시설로 이어지는 통로일 가능성이 있다고 합니다. 그 중요한 시설이 클레오파트라의 무덤일 수도 있겠죠. 정말로 클레오파트라의 무덤이 발견되고 그 안에서 양호하게 보관된 그녀의 시신이 확인된다면, 클레오파트라의 정체성을 둘러싼 논란을 끝낼 수 있을 것입니다.

허준   '클레오파트라의 코가 조금만 낮았더라면'이라는 유명한 글귀가 있지 않습니까. 역사상 가장 유명한 '코'라죠. 이 말은 클레오파트라의 높은 자존심을 의미하기도 하지만 절세미인의 상징이기도 한 것 같습니다. 이에 대해 어떻게 생각하시나요?

곽민수   클레오파트라에 관한 기록들은 대부분 로마인들이 썼습니다. 그런데 당대 로마인 입장에서 클레오파트라는 적국의 수장이었죠. 더군다나 그녀는 로마인들이 도저히 인정할 수 없는 사치스러운 방식으로 살았고 그 부분을 로마인들은 타락으로 여겼습니다. 게다가 클레오파트라는 여성이었고요.
그러다 보니 그녀에 관한 기록들에는 편견이 잔뜩 들어갈 수밖에 없었다고 할 수 있습니다. 그 편견 가득한 기록들은 고대 이집트가 멸망하고 로마도 멸망한 후 유럽 사회에서 계속해 읽히며 새로운 상상력을 낳았죠. 그리고 클레오파트라의 콧대에 관한 글귀는 프랑스 철학자 블레즈 파스칼(Blaise Pascal)이 쓴 겁니다. 역사학자도 아니죠. 시대도 2천 년 가까이 떨어져 있기도 하고요. 그렇기에 역사적으로 검증이 필요한 말은 아니라고 생각합니다.

그렇다고 클레오파트라가 엄밀히 말해 완벽한 토착 이집트인인 건 아닙니다. 그럼에도 불구하고 이집트인들이 그렇게 분노하는 건 클레오파트라가 속해 있는 고대 이집트사를 왜곡하려 한다는 점 때문이죠. 지난 수십 년간 할리우드에서 클레오파트라를 묘사할 때 로마인들의 편견 가득한 기록들을 그대로 가져다 썼습니다.

그런데 일련의 연구들에 의하면 클레오파트라는 굉장히 뛰어난 정치가였고 또 수완이 굉장히 좋았으며 다양한 언어를 구사할 줄도 알았어요. 그랬다는 건 클레오파트라는 이집트를 다시 부흥시키는 데 분명한 의지를 갖고 있었다는 거죠. 그런 과정에서 로마의 율리우스 카이사르나 마르쿠스 안토니우스(Marcus Antonius) 같은 장군들을 이용하려 했던 것이고요.

살라딘이 이어준 중세 이슬람과 근대 프랑스

허준　　　　살라흣딘이 12세기에 이집트 카이로에서 아이유브 왕조(Ayyubid dynasty)를 세우지 않습니까? 이후에 카이로에서 뭐라도 했을 것 같은데요. 대표적으로 꼽을 만한 게 있을까요?

곽민수　　　　살라흣딘을 통해 중세 이슬람과 근대 프랑스가 연결됩니다. 살라흣딘이 1171년에 이집트를 장악해 파티마 왕조(Fāṭimah Dynasty)를 멸망시키고 아이유브 왕조를 세웠는데요. 그 과정에서 십자군의 침략으로부터 자국을 보호하기 위해 카이로 성채 (Cairo Citadel)를 세웠습니다. 지금도 남아 있는 역사적인 사적지죠.

19세기 카이로 성채에 이집트 근대화의 아버지로 불리는 무함마드 알리 왕조의 창시자 무함마드 알리(Muhammad Ali)가 근사한 모스크를 하나 세웁니다. 일명 무함마드 알리 모스크.

그곳에 가면 굉장히 이질적인, 유럽 스타일의 시계탑이 하나 있습니다. 1840년경에 프랑스의 왕 루이 필립 1세(Louis Philippe)가 무함마드 알리에게 선물로 보내준 거였죠. 이집트가 룩소르 신전(Luxor Temple)의 오벨리스크(obelisk, 고대 이집트 왕조 때 태양 신앙의 상징으로 세워진 기념비) 하나를 프랑스에 선물로 보내준 데 대한 답례였고요.

그런데 프랑스가 보낸 시계탑은 이집트에서 한 번도 제대로 작동한 적이 없습니다. 운송 과정에서 고장이 난 거였죠. 그래서 시계탑은

카이로 성채와 무함마드 알리 모스크.

지난 근 2세기 동안 고장난 채로 세워져 있었어요. 이후 이야기가 훈훈하게 전개됩니다.

이집트 문화재국에서 시계를 고쳐야겠다 싶어 프랑스 정부에 요청합니다. 이에 프랑스가 즉각적으로 화답해 프랑스 시계 장인을 이집트로 급파하죠. 시계탑을 조사하고 수리 작업에 들어가요. 그동안 방치해놨던 시계탑을 최근에 깨끗하게 단장해놨더라고요.

프랑스 밖에서 나폴레옹을 대하는 인식들

허준　　　나폴레옹이라는 인물을 나라별, 문화권별로 어떻게 생각하고 또 평가하는지 궁금합니다. 중동에선 어떤가요?

박현도　　　긍정과 부정이 공존합니다. 부정적인 점은 뭐냐 하면, 일단 정복자잖아요. 일례로 어떤 감독이 정복자에 관한 영화를 만들었는데, 일련의 사람들한테 어떻게 그런 영화를 만들 수 있냐고 비판을 받았다고 해요.

장 레옹 제롬(Jean Leon Gerome),
〈스핑크스 앞의 보나파르트〉, 1886.

그래도 나폴레옹이 중동에서 역사적으로 큰 공헌을 한 점이 있습니다. 긍정적인 점이죠. 프랑스의 선진적인 군대에 자극을 받아 무슬림 세계도 군사기술을 배워 무력을 증강할 수 있었어요.

중동에선 근대의 시작을 나폴레옹의 침략부터 봅니다. 1798년에 이집트 원정을 나서서 카이로까지 입성했으나 이집트 지배는 결국 실패로 끝났죠.

이후 본격적으로 유럽이 중동을 자신들의 일부로 편입시키려 했어요. 그리고 눈여겨봐야 할 점은 프랑스 혁명(French Revolution)을 유럽

바깥으로 처음 내보내 퍼트린 곳이 바로 중동이에요.

그런 면에서 나폴레옹을 향한 시선은 긍정과 부정으로 엇갈리는데, 전체적으로는 긍정적이진 않은 것 같습니다. 그래도 나폴레옹이 중동의 근대 역사를 바꾼 인물인 건 분명한 사실입니다.

강인욱　　　　러시아의 경우, 역설적으로 나폴레옹을 높게 평가하는 편이죠. 심지어 유럽의 구세주라고도 말하기도 합니다. 그런데 존경하는 것과는 약간 거리가 있어요. 그 '위대한' 나폴레옹이 러시아를 침공했다가 망했으니 나폴레옹보다 러시아가 더 위대하다는 생각이 깔려 있죠.

또 나폴레옹은 러시아의 역사에도 큰 기여를 했으니, 나폴레옹과 전쟁을 치르면서 진정한 민족 국가 러시아가 탄생했습니다. 그전까지 러시아 귀족들은 프랑스어만 썼습니다. 정작 러시아어는 쓰지도 않았고 말하지도 못했죠. 그런데 나폴레옹이 러시아를 침략해 모스크바를 불태워버리니까 모든 러시아인이 하나가 되어 '조국 전쟁'이라면서, 이때 비로소 진정한 러시아가 탄생했다고 합니다.

1882년 초연한 표트르 차이코프스키(Pyotr Tchaikovsky)의 관현악 서곡 〈1812년 서곡(1812 Overture)〉이 바로 1812년 알렉산드르 1세(Aleksandr I)가 모스크바에서 나폴레옹을 물리친 사건을 기념해 만들었죠. 그때부터 러시아가 서방 유럽에 대해 상대적 우월감 같은 게 생겼습니다. '너희들은 절대 우리 땅에 들어올 수 없다' 하고 말이에요. 그래서 제2차 세계대전이 한창인 1941년에 아돌프 히틀러(Adolf Hitler)가 쳐들어왔을 때도 당당하게 대응할 수 있었습니다. 결국 러시아가 이겼죠.

게다가 러시아로선 자부심을 가질 수 있는데, 나폴레옹이 모스크바를 점령했지만 당시 러시아 수도는 모스크바가 아닌 상트페테르부르크였습니다. 그러니 '러시아의 수도는 함락된 적이 없다'가 되는 겁니다.

오랫동안 몽골의 지배를 받고 이후에도 유럽의 변방으로 설움을 받던 러시아는 자부심을 한껏 드러내면서 '우리도 뭉치면 할 수 있다'라는 자긍심을 통해 강력한 국가로 성장하는 계기가 되었죠. 나폴레옹의 침략이 불러온 나비효과인 셈입니다.

겪어보기 전까진 모르는 왕들의 비애

허준　　　　왕이나 귀족 나오는 영화 보면 "왕이 편한 줄 아니?" "왕 노릇도 못 해 먹겠네" 하는 식의 희극적인 대사가 나오잖아요? 진짜로 왕 노릇 해 먹기가 힘들었을까요?

곽민수　　　　고대 이집트 중왕국(Middle Kingdom of Egypt) 제12왕조의 파라오 아메넴헤트 1세(Amenemhat I)가 등장하는 기록이 하나 있습니다. 「아메넴헤트 1세의 가르침」이라는 기록인데요, 파라오가 독백하는 형식으로 쓰여 있어요. 이 기록에서 우리는 파라오의 피로감을 엿볼 수 있습니다. 이를테면 이런 문장이 있죠. "밤 늦게 식사를 하고 잠이 들었다." 매우 피로한 상태로 잠이 들었다는 뜻이죠. 또 이런 문장도 있습니다. "나는 사막의 뱀과 같았다."

사실 아메넴헤트 1세는 살해당했어요. 경호대가 배신을 했다고 하죠. 한번 상상을 해보면, 사막에 뱀 한 마리가 있는데 그게 자기의 처지 같다는 거예요. 얼마나 고독하고 또 괴로웠을까요. 겪어보기 전에는 알 수 없는 왕의 비애입니다.

박현도 ───── 왕한테 가장 힘든 건 아이러니하게도 왕이 되어야 겠다는 마음일 것입니다. 왕족이 왕이 되지 못하면 언제 죽을지 모르잖아요. 그러니까 무조건 왕이 되어야겠죠. 얼마나 힘들겠어요. 오스만 제국의 경우가 가장 적나라하게 드러나는데요. 오스만 제국에는 왕위 계승 원칙이 없었습니다. 그래서 왕의 열두 살 이상 된 아들이라면 누구나 왕위에 오를 수 있었어요.

그들 모두를 수도에서 가까운 거리에 둡니다. 물론 동일한 거리예요. 그리고 아버지 왕이 승하했을 때 수도에 가장 먼저 오는 아들이 왕위에 오르는 거예요. 선착순인 거죠. 그런데 그런 식으로 왕위에 오르면 피비린내 나는 동족상잔의 비극을 얼마나 많이 겪어야 할까요? 친형제들과 관계된 친인척들을 모두 도륙하지 않으면 왕위가 불안하지 않겠습니까?

오스만 제국의 메흐메트 2세.

그때 '도저히 이렇게는 안 되겠다' 싶어 나라의 안정을 위해 '형제 살해' 법을 만든 왕이 나옵니다. 콘스탄티노폴리스를 점령해 동로마 제국(Eastern Roman Empire)을 사실상 멸망으로 이끈 정복 군주이자 오스만국을 오스만 제국으로 발전시킨 장본인 '정복자' 메흐메트 2세(Mehmet II)가 바로 그죠.

물론 자신도 형제를 수없이 죽이고 왕위에 올랐습니다. 그런데 자그마치 11년 동안이나 형제들과 싸웠어요. 이러다간 나라가 엉망이 되겠다 싶었던 거죠. 메흐메트 2세는 왕위에 오른 후 왕은 형제들을 다 죽여도 괜찮다는 법을 만듭니다.

그래서 이후 왕이 될 사람은 형제들을 죽이기 시작합니다. 가장 많이 죽인 수가 자그마치 열아홉 명이에요. 친형제 열아홉 명을 도륙한 거죠. 그가 바로 메흐메트 3세(Mehmet III)입니다. 항복 따윈 없습니다. 무조건 다 죽이죠. 그 방법이 또 기이합니다. 보지도 못하고 말도 못하게 된 부하를 시켜 목 졸라 죽입니다. 아무것도 모르는 채로 그냥 죽이는 거죠. 그중엔 갓난아기도 있었다고 해요.

강인욱   왕은 죽어서도 영원히 쉬지 못하는 경우가 있는 것 같습니다. 살아 있을 때도 괴로웠다지만 죽어서도 괴로운 거죠. 왕은 아니고 통치자인데, 블라디미르 레닌(Vladimir Lenin)이에요. 그는 엄격한 유물론자이니 스스로를 미라로 만들 이유가 없었습니다. '내가 죽고 나면 어머니 옆에 묻어주시오'라고 했는데 죽었을 때가 하필 1월 한겨울이었어요. 그래서 일주일 동안 방부 처리를 하지 않고 있었죠. 그런데 갑자기 수십만 인파가 몰려드니 소련 정부가 덜컥 겁이 난 겁니다.

더군다나 '레닌을 땅속에 묻어버리면 러시아 곳곳에서 가짜 레닌이 등장할 것이다'라는 소문이 돕니다. 소련 정부는 급하게 레닌을 방부 처리하는데, 경험이 없어 잘하지 못해요.

지금도 매년 한 번씩 꺼내 씻어주는데, 너무 보기가 흉합니다. 진짜 못 봐줄 정도예요. 유물론을 가장 신봉했던 사람이 죽어서도 껍데기로만 남아 안식을 취하지 못하고 있는 것이죠.

아랫사람을 가장 잔혹하게 다룬 윗사람

허준   고대 이집트의 경우 심지어 노동자들이 파업도 하고 파라오 무덤도 파헤치겠다고도 할 정도로 '아랫사람'의 힘이랄까 발언권이랄까 하는 게 강했지 않습니까? 그러면 이슬람의 경우 '윗사람'에게 자유롭게 발언하는 경우가 많았나요? 혹은 그 반대의 경우는요?

셀림 1세는 신하들을 너무 아무렇지도 않게 대했다.

박현도　　　천차만별이었어요. 술탄(칼리파가 세속의 정치 지도자에게 하사한 칭호로 '왕'과 유사)이나 칼리파(이슬람권의 최고 종교 지도자 겸 국가 지도자로 가톨릭의 '교황'과 유사) 중에서 신하와 형제처럼 지낸 이가 있는가 하면 정반대로 마구 홀대하는 이가 있었습니다.

그중에서도 최악이 있는데 바로 오스만 제국 제9대 술탄이자 3대 파디샤(임금들의 주군이라는 뜻으로 이슬람, 중동, 페르시아에서 쓰는 '황제'의 호칭) 셀림 1세(Selim I)입니다.

그를 두고 니콜로 마키아벨리(Niccolò Machiavelli)가 『군주론(君主論)』을 통해 밝혔듯, 조부 메흐메트 2세의 명성을 능가할 만한 인물이지만 인간적으론 함께하기도 다가가기도 어려웠다고 하죠.

셀림 1세는 총리를 자그마치 일곱 명이나 죽였습니다. 그래서 당시에 최악의 욕이 무엇이냐 하면, "그대가 셀림 1세의 총리가 되길 바라네"였을 정도죠. 총리가 되면 죽은 목숨이니까요. 이런 일화도 전해지는데요, 어떤 총리가 셀림 1세에게 "신을 처형하시려거든 미리 말씀해주시길 부탁드린다"고 하니 셀림 1세가 "그렇지 않아도 그대를 처형하려고 했는데 마땅한 적임자가 없어서 유예하고 있는 거라네"라고 했다죠. 그러니 "적임자를 찾으면 그대의 말을 기억하겠다"고요. 총리가 되면 출근할 때마다 유서를 가슴에 품고 다녔다고 해요. 하여 셀림 1세의 별칭이 '냉혈한'을 뜻하는 야부즈(Yavuz)였을 정도였다고 합니다.

나폴레옹은 영웅인가 독재자인가

허준　　　　나폴레옹에 대한 평가는 극명하게 엇갈리는 것 같습니다. 심하게 말하는 사람들은 나폴레옹을 학살자에 비유하기도 하잖아요. 그런데 학살자를 논할 때 빼놓을 수 없는 게 바로 아돌프 히틀러, 그리고 이오시프 스탈린이죠. 러시아 사람들은 스탈린을 어떻게 생각해요?

자크 루이 다비드(Jacques-Louis David), 〈알프스를 넘는 나폴레옹〉, 1805.

강인욱   스탈린이 학살자인 건 맞습니다. 너무나 많은 사람
이 그의 통치 시절에 숙청당하고 수용소로 끌려갔죠. 제가 전공하는
고고학만 봐도 상당수의 고고학자가 스탈린 시절에 사라져버렸어
요. 쥐도 새도 모르게 숙청당한 거죠.

하지만 동시에 스탈린을 좋아하는 사람도 은근히 많습니다. 수천만
명이 희생당했지만 어쨌거나 전통적으로 농업에 의존했던 낙후된

소련이 스탈린 집권 당시 공업을 발달시켜 초강대국으로 올라섰잖아요. 그런데 이게 양날의 칼이에요.

정말 미운 사람이지만 그 희생을 기반으로 제2차 세계대전의 승전국으로 만들었고 또 경제를 부흥시킨 것도 사실이지 않습니까. 어쨌거나 제2차 세계대전 이후 오랫동안 미국과 함께 세계 정세를 주도했으니까요. 러시아에 가면 경제, 정치 체계를 비롯해 건물들이 다 스탈린 때 만들어진 거예요. 정말 역설적인 면을 가진 일그러진 영웅인 셈이죠.

한편 나폴레옹은 개인 능력도 뛰어났지만 자신의 능력을 과장해서 홍보하는 선전 선동에 능했어요. 이집트 원정에서 수많은 사람을 학살했지만 복귀해선 기가 막히게 윤색해요. 잡지도 만들어 선전하고 프랑스 사회 전체를 대상으로 선동합니다. 그런 모습을 보면 뭐랄까, 나폴레옹은 사람 살리고 죽이는 걸 정치적으로만 생각했던 것 같습니다. 감정을 전혀 공감하지 못했던 것 같고요.

나폴레옹이라는 인물은 한마디로 정의 내리기 어려운 사람입니다. 자신한테 이익이 된다고 생각하면 한없이 인자했다가도 이익이 되지 않다고 생각하면 가차 없는 학살자가 되고 또 도움이 된다고 생각하면 거짓말을 서슴지 않으면서 선동했으니까요. 부정적인 측면에서 정말 대단한 사람인 것 같습니다.

박현도　　　저는 나폴레옹이 세종대왕(世宗大王) 같았을 수도 있었다고 생각합니다. 곽민수 선생님이 말씀하신 것처럼, 이집트를 침공했을 때 군사적으로만 생각한 게 아니었어요.

이집트에 관련된 모든 걸 여섯 카테고리로 나눠 직접 책을 읽어 철저히 익혔죠. 군사만 잘 다루는 사람이 아니라 역사도 잘 알고 있었던 겁니다. 또 튀르키예 장군 옷을 입고 다니다가 부하 장수들이 이상하게 생각하니까 다시 무슬림 옷으로 갈아입기도 해요. 무슬림식으로 살면서 사람들한테 굉장히 잘 대해줬다고 합니다.

영웅까진 아니더라도 독재자, 학살자와는 거리가 먼 모습이었죠.

Question 1

고대 이집트 왕조를 들여다보면 제30왕조까지 있고 그 위 단계에
초기 왕조, 제1중간기, 신왕국 같은 시기도 있는데요. 잘 외우는 비
법이 있을까요?

곽민수　　　　고대 이집트의 역사는 크게 선왕조 시대와 왕조
시대, 두 시대로 나뉩니다. 선왕조 시대(Pre-dynastic Period of Egypt)는
이름 그대로 '왕조 시대 이전의 시기'라는 뜻이고요. 이 선왕조 시
대의 뒤를 잇는 왕조 시대 혹은 파라오 시대(Dynastic Period of Egypt,
Pharonic Period of Egypt)가 바로 '고대 이집트 문명'의 시대입니다.

3천여 년 동안 이어지는 이 시기에 이집트에선 고대 국가가 형성되
고 파라오는 최고 통치자로 군림합니다. 물론 문자도 등장해 다양한
종류의 기록들을 남기죠.

왕조 시대는 다시 고, 중, 신으로 나뉘는 세 차례의 왕국 시대와 그 사이에 있는 세 번의 중간기, 그리고 말기 왕조 시대와 프톨레마이오스-로마 시대로 구분됩니다.

이 가운데 '왕국'이라고 불리는 시기는 이집트가 통일 왕국을 이루고 있어 이집트는 물론 북으로는 지금의 팔레스타인과 시리아, 남으로는 누비아까지 이집트 외부 지역에도 강력한 영향력을 행사하던 시기죠.

반면 세 차례의 왕국 시대 사이에 끼여 있는 세 번의 중간기는 통일 왕국이 해체되어 이집트 각 지역에서 여러 정권이 동시에 존재하며 서로 경쟁하던 시기로, 중국으로 치면 춘추전국시대와 성격이 비슷하다고 할 수 있습니다.

서른한 개에 이르는 '왕조'는 아버지에서 아들로 이어지는 왕위 계승 과정에 단절이 생기면 대체로 구분해서 부릅니다. 물론 언제나 이런 규칙이 적용되는 건 아니고요. 수도가 옮겨지거나 정치적 상황이 크게 변하면 왕가가 바뀌지 않더라도 왕조를 구분하기도 하죠. 반대로 아버지-아들의 왕위 계승이 끊기더라도 왕조를 구분하지 않는 경우도 있습니다.

고대 이집트의 문자가 세계사에서 가장 오랫동안 쓰였다고 알고
있는데요. 언제 시작되어 언제까지 쓰였나요?

곽민수   고대 이집트인들이 언제부터 문자를 사용하기 시
작했는지는 분명하지 않습니다만 이집트 문명이 시작되는 시점, 즉
기원전 3100년경부턴 분명한 문자체계가 확인됩니다. 그 이전부터
이미 문자적 특성을 지닌 기호 체계가 사용되었을 가능성을 보여주
는데, 선왕조 시대(기원전 5500년~기원전 3100년경)에 초기 형태의 문
자가 사용된 증거들이 있죠. 이 초기 형태의 문자는 간단한 기호와
기초적인 어휘들로 구성되어 있었고요.

고대 이집트의 문자체계는 완전히 독립적으로 탄생한 것으로 여겨
지는데, 과거에는 메소포타미아 지역과의 교류 속에서 문자가 사용
되기 시작한 것으로 설명되기도 했지만 현재는 독립 기원설이 더 유
력한 설명으로 받아들여집니다.

고대 이집트에선 네 가지의 문자체계가 사용되었습니다. 이 다양한
문자체계는 동시에 나타난 건 아니고, 여러 세기에 걸쳐 순차적으로
등장했죠.

그 가운데 가장 널리 알려진 건 '히에로글리프(Heiroglyphs)'입니다.
히에로글리프는 일반적으로 한국어 사용자들에겐 '상형문자'로 불

리는데, 원어의 의미를 염두에 둔다면 '상형문자'보다 '신성문자'로 번역하는 게 더 적절하죠.

고대 이집트인들은 자신들의 문자를 '신의 말', 즉 메두-네체르(medu-netjer)라고 불렀습니다. '신성한'이라는 뜻의 'hiero'와 '글자'라는 뜻의 'glyph'가 합쳐진 고대 이집트 문자체계의 영문명인 히에로글리프는 '메두-네체르'를 번역한 고대 그리스어 'ἱερογλυφικά'에 어원을 두고 있죠.

신성문자는 실체가 있는 모습이나 추상적인 의미를 형식화한 시각적 양식으로 표현됩니다. 그렇기에 그 글자가 무엇을 그리고 있는지 직관적으로 알아볼 수 있는 경우가 많아요. 하지만 문자 자체가 언제나 문자의 형태와 관련 있는 의미를 지니진 않죠.

이집트 문자체계의 글자들의 경우 '표의문자'인 것들이 많지만, 단순히 음가만 지니고 있는 '표음문자'도 있습니다. 신성문자는 특성상 필기용으로는 널리 사용되지 않았고, 석재와 같은 재료에 새기는 방식으로 자주 사용되었죠. 따라서 오늘날 신전과 무덤 등 이집트 유적지나 석상, 비석 같은 유물의 표면에서 접하는 문자들은 대부분 신성문자입니다.

한편 고대 이집트에선 히에로글리프 이외에 '히에라틱(Hieratic)'이라고 불리는 문자도 사용했습니다. 히에라틱은 히에로글리프와는 달리 자연스러운 방식으로 글자를 쓸 수 있는 일종의 필기체 형식이에요. 히에로글리프와 히에라틱은 1 대 1로 대응하는 문자체계인데,

전자를 알파벳의 정자체, 후자를 알파벳의 필기체 정도로 이해할 수 있습니다. 히에라틱이라는 이름은 '신관의'를 뜻하는 그리스어 'ἱερατικος'에서 유래하죠.

히에라틱은 히에로글리프와 함께 등장했습니다. 최초에는 양쪽의 형태가 매우 유사했는데, 시간이 흐름에 따라 히에라틱은 펜으로 보다 쉽게 글자를 쓸 수 있는 방식으로 변해갔고 결국 상당히 추상화된 모습이 되죠. 히에라틱은 주로 파피루스(papyrus), 오스트라콘(ostracon) 같은 재료에 잉크와 대나무 펜을 사용해 쓰여졌습니다.

이후 기원전 650년경에는 필기성이 더욱더 강화된 문자체계가 등장합니다. 이 문자체계를 '데모틱(Demotic)'이라고 하고요. 하이집트(Lower Egypt) 삼각주 지역에서 사적인 편지나 상거래 문사 등에 사용되기 시작해 26왕조 시대 동안 상이집트(Upper Egypt) 지역으로 퍼져나갔고, 결국 히에라틱을 완전히 대체했습니다. 프톨레마이오스 시대를 거쳐 대략 서기 5세기까지 사용했죠.

'콥트 문자(Coptic)'는 고대 이집트 문자체계 변천 과정의 마지막 단계에서 등장했습니다. '콥트'라는 명칭은 '이집트인'을 뜻하는 그리스어 'Αἴγυπτος'에서 유래해요. 한편 콥트 문자는 두 가지 측면에서 과거의 문자들과 차이가 있습니다.

첫 번째, 콥트 문자는 이집트 특유의 문자체계를 포기하고 그리스 알파벳을 도입해 이집트어를 표기하기 시작한 문자체계입니다. 그 과정에서 그리스어에는 없는 소리를 표기하고자 일곱 개의 새로운 글자를 데모틱에서 차용했죠. 두 번째, 콥트 문자는 최초로 모음이 표기되기 시작한 이집트 문자체계입니다. 그렇기 때문에 이후 학자들이 고대 이집트 문자를 해독하고 고대 이집트어의 발음을 복원하는 데 있어 중요한 단서를 제공했습니다. 콥트어와 콥트문자는 서기 17세기까지 이집트의 기독교 공동체에서 일상어로도 사용했고, 이후에도 지금까지 콥트 기독교의 전례에서 사용되고 있죠.

3장

나라별
역사를 바꾼
결정적 순간들

수천 년 이집트 역사상 최악의 실수

허준　　　　기록에 의한 역사는 반전의 기록이 나오지 않는 이상 지울 수 없는 사실이 되죠. 인간 세상에서 일어난 일들이다 보니 치명적인 실수로 인해 '흑역사'가 된 사건들도 많을 것 같아요. 예를 들면 1812년 나폴레옹이 러시아 원정을 떠났다가 대패해 몰락에 결정적인 역할을 했다든지 1867년에 러시아 제국이 미국에 러시아령 아메리카(알래스카)를 헐값에 매각한 일이라든지 말입니다. 이집트, 중동 역사에서 치명적인 실수로 남아 있는 사건이 있을까요?

기원전 7세기 아시리아 제국
아슈르바니팔(Ashurbanipal) 황제의 조각.

곽민수　　　이집트 같은 경우 문명사적으로 오랜 기간에 걸쳐 일어난 일이긴 하지만 중대한 실수를 하나 하긴 했습니다. 결과적으로 고대 이집트 멸망의 단초가 된 실수예요.

고대 이집트는 기본적으로 청동기 문명이었습니다. 그런데 철기로 넘어가야 하는 시점에 함께하지 않았죠. 고대 이집트는 청동기로 큰 성공을 거뒀고 이데올로기적으로 보수적이었기 때문에 변화를 추구하지 않았습니다. 원 상태를 유지한 채 살아가는 게 사회적 목표였으니까요. 게다가 철을 구하기가 용이하지 않은 조건을 갖고 있기도 했고요.

청동기 때는 군대가 강력했는데 훗날 전 세계가 철기 시대로 접어들고 나선 철기로 무장한 세력을 막아낼 수 없었어요. 기원전 7세기경 아시리아 제국(Assyrian empire)에 정복당한 후 고대 이집트는 본격적으로 몰락하기 시작했습니다. 로마 제국에 편입될 때까지 외부 침략에 수없이 휘둘리죠.

알렉산드로스 대왕 사망 후 제국을 분할통치하며 생겨난 프톨레마이오스 왕조가 들어선 기원전 4세기까지도 철기로 완벽하게 전환되지 않았습니다.

기원전 1000년경에는 전 세계가 철기 시대로 접어들었는데 이집트의 경우 시간이 한참 지난 후에도 따라가지 못했던 것입니다. 수천 년 이집트 역사상 최악의 실수라고 하지 않을 수 없겠네요.

유럽과 아시아가 충돌했던 고대 세계대전

허준   태평양, 인도양, 대서양, 지중해 등으로 나눠서 보
니까 제각각 다른 곳인 것 같지만 동아시아, 중앙아시아, 서아시아,
유럽으로 쭉 이어보면 하나의 큰 대륙이잖아요. 그래서 인류의 주요
세계대전이 이 큰 대륙 안에서 벌어졌지 않습니까. 그렇다면 고대에
도 세계대전이 있었나요?

이집트의 람세스 2세가 히타이트 병사를 죽이는 모습.

곽민수　　　네, 고대에서 당시를 기준으로 세계대전급 대전쟁이 있었습니다. 이를테면 기원전 500년경에 일어나 50여 년간 이어진 '그리스-페르시아 전쟁(Greco-Persian Wars)'이 있죠. 고대 그리스의 도시국가 연합과 페르시아 제국이 격돌한 결과 페르시아 제국이 패퇴하고 말았습니다.

물론 그 이후에 헬레니즘(Helenism) 세계가 완성되고 전 세계가 하나의 체계로 존재할 수 있는 여건이 마련되었다고도 할 수 있지만요. 이후 로마 제국이 추구한 제국의 형태도 어떤 면에선 페르시아 제국과 헬레니즘 세계의 세계관을 계승한 것으로 보입니다.

그리고 기원전 1274년에 이집트와 히타이트(Hittite) 사이에서 일어난 '카데시 전투(Battle of Kadesh)'이 있습니다. 제대로 된 기록이 남아 있는 세계 최초의 전쟁으로 알려져 있죠.

카데시 전투에 대해 조금 더 자세히 말씀드리면, 당시 이집트 파라오 람세스 2세가 위기에 빠집니다. 히타이트의 기만 전술에 속아요. 히타이트 스파이의 '히타이트군의 본진이 아직 도착하지 않았다'라는 말에 속은 거죠.

저돌적인 성향의 람세스 2세는 그 말만 믿고 미친 듯이 적진으로 돌진하는데 사실 히타이트의 본진이 이미 와서 숨어 있었어요. 돌진해 오는 이집트군의 측면을 공격해 이집트군을 분열시킨 후 람세스 2세의 본진을 공격합니다. 그때 람세스 2세도 특무대를 우회시켜서 람세스 2세가 절체절명의 위기 상황에 처했을 때 구해줍니다. 그렇게 전황을 역전시켜 히타이트군을 카데시 성채로 쫓아내죠.

그런데 이집트는 카데시를 정복하지 못합니다. 카데시는 원래 이집트 땅이었는데 제18왕조 후반 들어 이집트에 정치적 혼란이 발생하면서 틈을 타 히타이트가 장악했던 곳이에요.

카데시 전투 후 16년 동안 충돌이 계속됩니다. 전쟁이 계속된 거죠. 그렇게 시간이 흐른 후 서로가 서로를 완전히 제압하지 못한다는 사실을 깨닫고 특단의 조치를 취합니다. 다름 아닌 평화조약. 당시 이집트와 히타이트를 위협할 제3의 세력 아시리아가 점점 성장하고 있었기 때문이기도 하고요.

'히타이트-이집트 조약'은 성문화된 세계 최초의 평화조약입니다. 제대로 된 기록이 남아 있는 세계 최초의 전쟁인 카데시 전투의 경우와 동일한 맥락이죠.

내용을 들여다보면 상당히 근대적입니다. 상호불가침과 상호방위가 포함되어 있어요. 다분히 제3의 세력 아시리아를 염두에 둔 조치였죠. '아시리아가 히타이트를 침략하면 이집트가 지원하고 아시리아가 이집트를 침략하면 히타이트가 지원한다.' 포로 교환 조항과 정치적 망명자 송환 조항도 있고요.

히타이트-이집트 평화 협정문이 새겨진 점토판.

중세에도 세계대전급 대전쟁이 있었을까

허준　　　　　이른바 이집트-히타이트 전쟁을 고대의 제1차 세계대전, 그리스-페르시아 전쟁을 고대의 제2차 세계대전이라고 본다면 고대의 제3차 세계대전도 있었을까요?

박현도　　　　　751년 중앙아시아의 탈라스강에서 벌어진 '탈라스 전투(Battle of Talas)'가 있습니다. 당(唐)나라가 이슬람 제국의 압바스(Abbas) 칼리파조를 자극해 일어났죠. 역사상 처음으로 벌어진 동양과 중동의 충돌로 기록될 만큼 큰 전투지만 개인적으론 부풀어진 전투라고 생각해요. 그래도 탈라스 전투가 의미 있는 건 전투 이후 동아시아와 서아시아의 경계선이 확립된 거예요. 탈라스 전투 이후 당나라는 더 이상 서역으로 팽창하지 못합니다.

그리고 11세기에 시작되어 13세기까지 200여 년 동안 계속된 '십자군 전쟁'이 있습니다. 유럽 기독교 국가들의 이슬람 원정을 이르는 말이죠. 사실 십자군 전쟁도 유럽에서만 어마어마한 전쟁이라고 생

1096년 제1차 십자군의 첫 번째 파병대를 이끌고 있는 은자 피에르(Pierre l'Ermite).

각해요. 정작 무슬림 세계에선 '또 왔나 보다' 하는 정도였고요.

그래도 674년부터 시작한 콘스탄티노폴리스 공격의 대미를 장식한 1453년의 '콘스탄티노폴리스의 함락(Fall of Constantinopolis)'은 굉장히 큰 사건이라고 생각합니다. 동로마 제국의 천년 고도이자 로마 정교회의 심장이었던 콘스탄티노폴리스가 이슬람교에 넘어갔으니 말이죠.

2천 년 이상 존속해 온 유럽 문명의 근간 '로마 제국'이 완전히 소멸되고 유럽의 중세 시대는 종말을 맞이했습니다.

곽민수　　　　중세 이전에도 아시아가 끼진 않았지만 아프리카와 유럽 사이에서 벌어진 '포에니 전쟁(Punic Wars)'이 있습니다. 기원전 3세기 중반부터 100년 넘게 이어진 로마와 카르타고 사이의 세 차례 전쟁이죠. 이 전쟁의 결과 로마가 지중해 패권을 장악하며 명실상부한 지중해 최강대국으로 거듭났습니다.

전쟁의 양상을 송두리째 바꾼 결정적 선택

허준　　　인류의 가장 큰 실수를 논할 때 '전쟁' 이야기를 하지 않을 수 없습니다. 이를테면 이집트가 네 차례의 중동 전쟁(Arab-Israeli conflict)에서 한 실수는 손가락으로 셀 수 없을 만큼 많은데요. 이를테면 이집트군이 소련의 최신예 탱크를 받아서 "이스라엘을 제대로 한번 공격해보자!" 하며 전쟁에 돌입했는데 재장전하는 법을 배우지 않았다지 뭡니까. 그런가 하면 이스라엘군의 매서운 공격에 이집트군이 탱크를 버려놓고 도망가는데 이집트 방향으로 똑바로 가면 적의 시야에 너무 잘 들어올 것 같으니까 완전히 다른 방향으로 도망갔다지 뭡니까.

중동 전쟁은 이스라엘과 아랍 국가들이 벌인 전쟁이긴 하지만 이집트가 항상 아랍 국가들 측의 중심에 서 있었잖아요. 그런데 이집트군의 행태가 너무 터무니없었던 것 같습니다.

박현도　　　인류 역사상 결정적인 사건 또는 실수가 한두 개 있다고 생각하는데, 그중 하나가 1071년 동로마 제국 몰락의 서막이라 일컬어지는 '만지케르트 전투(Battle of Manzikert)'입니다.

당시 동로마 제국 황제는 '로마노스 4세(Romanos IV Diogenes)'였습니다. 그는 중앙아시아에서 새롭게 발흥하고 있던 셀축 제국(Selçuk Empire)과 부딪혀요. 당시 셀축은 동로마와 싸울 여력이 없었어요. 이집트의 파티마 왕조를 토벌해야 했었으니까요. 그래서 셀축은 동로마와 평화조약을 맺고 파티마를 토벌하러 떠납니다. 그런데 그 틈을 타 로마노스 4세가 셀축을 공격합니다. 평화조약을 깨면서까지 굳이. 하지 말았어야 할 공격이었죠.

로마노스 4세는 당연히 이길 줄 알았지만 패배했고 포로로 잡히기까지 합니다. 하지만 셀축으로선 로마노스 4세를 죽일 수 없었어요. 혹여 죽이면 동로마가 가만히 있지 않을 테니까요. 그래서 로마노스 4세를 살려 보내줍니다. 그렇지만 그는 결국 자국에서 죽임을 당합니다. 동로마는 만지케르트 전투에서 대패하면서 점점 위축되기 시

고대 이집트 문자를
해독하는 중요한 단초를
제공한 로제타석.

작해요. 지금의 튀르키예 영토에 속하는 아나톨리아 반도 대부분을
셀축에게 빼앗기죠. 말 그대로 동로마 제국 몰락의 서막입니다.

곽민수   군사적으론 실패했지만 다른 측면에선 성과를 거
둔 사례를 하나 말씀드리고 싶어요. 1798년 나폴레옹이 4만여 명의
군사를 이끌고 이집트 원정을 떠납니다. 프랑스가 전 유럽을 상대로
전쟁을 치르고 있던 와중에 프랑스에 가장 위협이 되는 영국을 타격
하고자 인도와 영국을 연결하는 선을 끊기 위해 이집트로 원정을 떠
난 것이었죠. 당시 이집트는 맘루크 왕조(Mamluk Dynasty)가 통치하
고 있었습니다. 하지만 1801년까지 이집트에서 주둔한 결과 영국군
에게 패퇴하고 맙니다. 아무런 군사적 성과가 없었어요.

반면 이집트 원정에서 학술적으로 굉장히 큰 성과를 냅니다. 나폴레옹이 원정을 떠날 때 군대만 데리고 간 게 아니라 민간인 학술 전문가들 160여 명을 동행시켰는데요. 군대가 치안을 확보할 테니까 전문가들이 이집트를 조사하게 한 거죠. 그 과정에서 중요한 유물을 하나 발견하는데, 바로 '로제타석'입니다. 고대 이집트 문자를 해독하는 중요한 단초를 제공합니다.

박현도　　　　이집트의 실수를 하나 더 말씀드리겠습니다. 잘못된 정보에 속아서 이집트 측이 패배한 전쟁이 1967년 제3차 중동 전쟁이에요. 소련이 정보를 건넸는데 이스라엘이 군사를 움직여 시리아를 선제공격한다는 잘못된 정보였어요. 이집트는 그 말을 믿고 군대를 움직입니다. 티란 해협을 막아버리는 초강수를 두죠. 이스라엘로선 티란 해협이 막히면 홍해로 가는 길도 막혀요. 그러니 이집트를 공격할 수밖에 없었습니다.

이스라엘은 뛰어난 치밀성을 선보입니다. 전설적인 스파이 엘리 코헨(Eli Cohen)이 이미 이집트와 시리아를 완벽하게 정탐해요. 이집트 공군이 아침에 언제 어디서 어떤 훈련을 하는지, 그리고 훈련을 언제 중지하는지까지 알아낸 후 그 틈을 타 폭격해 격납고에 들어가지 않은 비행기 300여 대를 폭파해버립니다. 결국 이스라엘이 이집트, 시리아, 요르단을 상대로 단 6일 만에 대승을 거두고 엄청난 영토를 획득하죠.

✧ 실패하면 반역, 성공하면 혁명인 쿠데타들 ✧

허준   법을 어기면 처벌을 받는 게 기본이지 않습니까? 그리고 처벌 중에서도 가장 강력한 게 사형이고요. 강인욱 교수님께서 조선에선 도굴하면 교수형에 처한다고 했는데, 교수형 하면 가장 먼저 떠오르는 게 쿠데타가 아닐까 싶어요. 쿠데타에 실패하면 삼족, 구족을 멸한다고 할 정도니까요.

쿠데타에 성공하거나 실패한 사례, 실패했음에도 용서받은 사례들이 있을 텐데 몇 개 소개 좀 부탁드려 봅니다. 작년 말에 개봉해

1,300만 명 이상의 관객을 불러들인 영화 〈서울의 봄〉을 보면 전두광이 "실패하면 반역, 성공하면 혁명 아닙니까!"라고 한 말이 크게 회자되기도 했지 않습니까.

곽민수　　고대 이집트의 경우 신왕국 시대 제19왕조에서 제20왕조로 넘어가는 와중에 쿠데타가 일어났다는 정황이 있습니다. 제19조 왕조의 마지막 왕위 계승 과정이 굉장히 불안정하게 이어졌고 결국 투스레트(Twosret)가 마지막 파라오에 올랐습니다. 고대 이집트에서 드물었던 여성 파라오였죠. 그런데 재위 기간이 2년 정도로 굉장히 짧았습니다. 그 과정에서 세트나크테(Setnakhte)라는 군인이 쿠데타를 일으켜 제19왕조를 몰아내고 제20왕조의 초대 파라오가 됩니다.

보시다시피 이 쿠데타는 성공적이었기에 특별하게 기록되어 있진 않아요. 다만 그 이전 파라오인 투스레트의 흔적들이 굉장히 많이 지워집니다. 그리고 세트나크테의 아들이 그 유명한 람세스 3세예요. 람세스 2세가 이집트 역사상 가장 위대하고 또 강력한 파라오로 유명하지만 람세스 3세도 이집트 최후의 위대한 파라오로 유명하고 또 역사적으로 중요한 역할을 했죠.

그런데 그는 이른바 마이너한 위치의 왕비 티예(Tiye)와 그의 아들 펜타웨레트(Pentaweret)가 주도한 세력에 의해 암살을 당한 것으로 보입니다. 그의 미라를 살펴보면 목에 굉장히 큰 자상이 있어요. 최근

람세스 3세는 아들과 왕비가 이끄는 세력에게 암살당했다.

들어 법의학적으로 확인해보니 그 자상으로 호흡기관과 동맥이 손상된 것으로 밝혀졌고요. 당대 반란 세력에 대한 수사와 처벌이 있었다는 사실도 문서를 통해 확인할 수 있습니다.

이 반란 세력에는 왕비와 왕자를 비롯해 고위관료들이 대거 참여했어요. 일종의 쿠데타 시도였던 거죠. 그런데 결국 실패하고 말았습니다. 결국 쿠데타에 참여한 이들은 체포되어 사형당합니다. 그런데 펜타웨레트는 아무래도 왕자라는 이유 때문인지 처형당하지 않고 빈 방에 홀로 머물며 스스로 목숨을 끊게 했다고 합니다. 일종의 배려를 해준 거죠.

이집트에서 발견된 미라들 가운데 '절규하는 미라'라고 이름 붙인 미라가 있습니다. 미라를 보면 정말 괴로운 표정을 짓고 있어요. 그 미라의 정체는 오래도록 확인되지 않았지만, 살펴보니 미라를 만드는 보통의 방식으로 처리되지 않았어요.

내장기관도 신체 내부에 다 남겨뒀고 심지어 뇌도 그대로 놔뒀습니다. 그리고 미라는 동물 가죽으로 덮여 있었고요. 낮은 계층이 주로 사용했던 매장 방식입니다. 그래서 일련의 학자들은 오랫동안 펜타웨레트 왕자의 미라일 거라고 추측했죠. 매장을 하긴 했지만 제대로 된 장례 절차를 거치지 않은 걸로 보였으니까요.

그러던 2012년에 미라의 정체가 조금 더 분명하게 밝혀졌습니다. 이 시기 왕족들의 미라 전체에 대한 DNA 조사가 이뤄졌고, 그 과정에서 절규하는 미라가 람세스 3세의 아들로 확인되었어요. 그러니 아마도 펜타웨레트는 쿠데타 실패 후 독약 등으로 스스로 목숨을 끊었고, 어쨌건 왕족의 시신이다 보니 매장을 하긴 했으나 굉장히 격이 낮은 방식을 택한 게 아닌가 싶습니다.

박현도   쿠데타 하면 무슬림 아닐까요. 쿠데타라는 말이 프랑스말 '꾸드에따(Coup d'État)'에서 오지 않았겠습니까. 꾸는 '때린다'는 뜻이고 드는 '~의'라는 뜻이며 에따는 '나라'라는 뜻을 갖고 있죠. 나라를 때린다는 것, 즉 정권을 엎어버린다는 뜻이에요.

그리고 이른바 '포스트모던 쿠데타'를 시도한 게 바로 무슬림입니다. 포스트모던 쿠데타가 뭐냐 하면 이런 식이에요. 사회가 시끄럽다고 생각하는 군이 원하는 걸 적어 정계에 보냅니다. 그러면서 군이 원하는 대로 바꾸지 않으면 탱크 몰고 가겠다고 엄포를 놓는 겁니다. 즉 탱크를 몰고 가는 대신 펜을 들어 편지를 쓰는 거죠. 사회가 너무 시끄러우니 군이 요구하는 대로 하라고 협박하는 거예요.

튀르키예가 1997년에 그런 식으로 포스트모던 쿠데타를 일으켰어요. 튀르키예가 원래 세속주의인데요, 이슬람을 강조하는 정권이 들어섭니다. 그러니 군인들이 마음에 들지 않잖아요. 탱크를 몰고 가서 싹 다 엎어버리기 전에 펜을 들어 편지를 씁니다. 그러곤 정계에 보내는 거죠. 정부는 받아들일 수밖에 없어요. 그렇게 사회가 바뀌는 겁니다. 쿠데타 성공.

허준   궁금한 게 있습니다. 쿠데타라고 하면 잘못된 걸 폭력적으로 바꾸려 하는 행위인 것 같은 반면 반란이나 정변은 '내가 왕이 될 거야'라고 하면서 쿠데타와는 목적과 수단이 뒤바뀐 것 같단 말이죠. 김영삼 전 대통령이 하신 말씀이 기억에 남는데요. "좋은 쿠데타는 없다. 모든 쿠데타는 잘못되었다."라고 말입니다. 폭력적으로 뭔가를 바꾸려고 하는 건 무조건 나쁜 것 아닐까요?

곽민수   혁명이든 반란이든 정변이든 영어로 하면 '쿠데타'죠. 그런데 한국어로 번역하는 경우에는 혁명, 사변, 사태 등의 표현을 사용해요. 정치적인 방향성이 개입되었다고 할 수 있겠죠. 이를테면 5.16 군사정변이냐 5.16 혁명이냐 갖고 수십 년 동안 논의가 이뤄지고 있지 않습니까. 저는 정치적인 정당성 없는 집단이 권력을 획득하기 위해 무력을 사용하는 과정 자체가 쿠데타인 것 같습니다.

강인욱   옛날에 유목민들도 쿠데타를 수없이 일으켰습니다. 그중에서도 아버지를 상대로 쿠데타를 일으킨 사람이 있어요. 바로 흉노의 왕입니다. 흉노 역사에 처음으로 등장한 우두머리가 두만 선우(頭曼 單于)인데요, 기원전 220년경에 흉노를 다스리던 선우(흉노의 군주를 높여 부르는 칭호)였습니다.

그는 후궁이 낳은 어린 아들이 자신의 뒤를 이었으면 하는 바람으로 맏아들 묵돌(冒頓)을 월지에 볼모로 보냅니다. 그리고 월지와 전쟁을 일으키죠. 하지만 묵돌은 월지에서 죽지 않았고 오히려 명마를 훔쳐 흉노로 복귀합니다. 이에 두만은 어쩔 수 없이 그에게 작위를 내리고 장군으로 임명하죠.

묵돌 선우의 청동상.

그런데 묵돌은 아버지를 향한 원한이 뼈에 사무쳤는지 힘을 키워 쿠데타를 일으킵니다. 그는 친위대를 키웠는데 소리 나는 화살 명적 (鳴鏑)을 날리면 일제히 그곳으로 화살을 날리도록 훈련했죠. 여기서 친위대는 그리스어로 '코미타투스(Comitatus)'라고 하는 기마민족의 습속입니다.

묵돌은 두만과 함께 사냥에 나섰을 때 쿠데타의 뜻을 품고 아버지에게 명적을 날립니다. 이에 그의 친위대가 일제히 같은 곳으로 화살을 날렸고요. 결국 두만은 죽고 묵돌이 흉노의 선우 자리에 오릅니다. 그러곤 이복형제들도 동일한 방식으로 죽여요. 결국 쿠데타의 핵심은 지도자 본인의 역심(逆心)이 아니라 본인을 받쳐줄 수 있는 친위대인 겁니다.

박현도　　　　아버지를 권좌에서 밀어낸 사례는 중동 역사에서도 볼 수 있습니다. 오스만 제국이 대표적이겠으나 거기까지 갈 필요도 없어요.

카타르 있지 않습니까? 현재의 카타르 국왕인 타밈 빈 하마드 알 사니(Tamim bin Hamad Al Thani)의 아버지 하마드 빈 할리파 알 사니 (Hamad bin Khalifa Al Thani)가 아버지를 밀어내고 왕이 된 사람입니다. 아버지한테서 정상적으로 왕위를 물려받은 게 아니고요.

허준　　　　없던 걸로 치고 싶거나 간절하게 지우고 싶은 과거를 소위 '흑역사'라고 하죠. 인간 개인뿐만 아니라 나라별로 지우고 싶은 흑역사가 많을 것 같은데요. 이슬람, 유라시아, 이집트의 흑역사들은 어떤 게 있을까요? 소개 한 번씩 해주세요.

박현도　　　　무슬림들이 역사에서 정말 지우고 싶은 흑역사가 있습니다. 이슬람을 공부하는 이라면 존경하지 않을 수 없는 위인이 있는데요, 9세기경에 활동한 학자 '아부 자파르 무함마드 이븐 자리르 앗따바리(Abu Ja'far Muhammad ibn Jarir al-Tabari)'예요. '자파르'는 아들 이름이고 '자리르'는 아버지의 이름이고 '무함마드'는 본인 이름이고 '따바리'는 태어난 곳의 지명이죠.

그는 천지창조 때부터 자신이 살았던 때까지의 역사를 씁니다. 이슬람 역사를 공부할 때 가장 중요한 책 중 하나인데 915년에 완성한 『예언자와 왕의 역사(History of the Prophets and Kings)』라는 책이에요. 바로 이 책에 이슬람 역사에서 지우고 싶은 이야기가 나옵니다.

이슬람의 창시자 무함마드(Muhammad)가 예언자가 된 후에 가르침을 전하는데 사람들이 받아주지 않아요. 다신교 사람들이 무함마드에게 "유일신 얘기하는데, 네 신 얘기만 하지 말고 우리 신 얘기도 해줘."라고 해요. 즉 다신을 받아주면 너의 신도 믿어줄 거라는 의도였죠. 무함마드가 고민을 이어갑니다.

그런데 어느 날 여신 셋이 중재자라고 하는 계시를 받았다고 해요. 그러니 사람들이 무함마드가 드디어 우리 여신들을 받아들였다면서 너도나도 무슬림이 되겠다고 나섭니다. 그러자 천사가 오더니 계시는 하느님한테서 온 게 아니라 사탄한테서 온 거라고 제지하죠. 이에 무함마드가 계시를 취소하자 사람들은 화를 내며 다시 등을 돌렸어요. 그 기록들, 무함마드가 실수한 기록들을 따바리가 그대로 적어놓은 것입니다. 그런데 그 기록을 모티브로 소설을 쓴 작가가 있어요.

1980년대 후반 출간되어 1990년대 전 세계를 떠들썩하게 만든 『악마의 시(The Satanic Verses)』의 작가 살만 루시디(Salman Rushdie)가 바로 그죠. 이란 이슬람 공화국을 건국한 아야톨라 루홀라 호메이니 (Ayatollah Ruhollah Khomeini)가 공개적으로 그를 살해하라는 명령을 내리기도 했습니다. 하여 루시디는 영국으로 망명할 수밖에 없었죠. 그런 와중에 2022년 8월 미국 뉴욕에서 강연을 하던 중 괴한에게 피습을 당해 오른쪽 눈이 실명되고 왼손은 자유롭게 쓰기 어렵게 되었으며 간이 제 기능을 못하게 되었어요. 그럼에도 은퇴하지 않고 활동하고 있죠.

그 정도로 무슬림들은 가장 지우고 싶고 또 인정하고 싶지 않은 최악의 거짓말이라고 생각하는데, 따바리는 그대로 기록해 전한 것입니다. 우리가 따바리를 존경하고 또 좋아하는 이유는요, 무함마드한테 유리하든 불리하든 상관하지 않고 모두 다 그대로 적었기 때문이에요. 역사의 진실은 '오직 알라만이 알고 있다'라는 거죠.

강인욱　　　고고학에도 당연히 흑역사가 있습니다. 일명 '후지무라 신이치(藤村新一) 발굴 조작 사건'인데요. 일본의 구석기 콤플렉스가 만든 희대의 사기극입니다.

중국의 경우 구석기 연대를 100만 년 전까지 보고 우리나라의 경우 보통 20만 년 전까지로 보지만, 일본은 최대로 잡아도 4만 년 전까지로 봤죠. 그런데 1980년경부터 후지무라 신이치라는 이가 4만 년

〈마이니치 신문(毎日新聞)〉이 보도한 '후지무라 신이치 발굴 조작 사건'.

전의 구석기 유적을 발견하면서 일본 열도를 흥분의 도가니로 빠져들게 합니다. 그전까지 일본의 역사는 3만 년이었으니까요. 이후 매년 땅을 팠다 하면 유물을 발견하고 계속 연대가 올라갑니다. 말이 안 되는 구석이 있었죠.

석기 유물을 다룰 때는 '층'이 가장 중요해요. 제4기층(Quaternary deposit)이라고 해서 충적세(Holocene Epoch) 아래 홍적세(Pleistocene)를 봐야 합니다. 일례로 우리나라의 경기도 연천 전곡리 구석기 유적만 봐도 1970년대 발굴 이래 층위 하나로 여전히 옥신각신하고 있지 않습니까. 그만큼 구석기 유적은 확신하기가 힘들죠.

급기야 1990년대 들어 신이치는 80만 년 전의 유물을 발굴하는 데 성공해요. 그러던 2000년 언론에 의해 대국민 사기극이 걸렸는데 몰래 땅을 파서 유물을 파묻고 있는 장면이 카메라에 잡혔던 것입니다. 그때 사람들이 진담 반 농담 반으로 말하길 "조금만 더 놔뒀으면 인류가 일본에서 시작되는 거였는데 아깝네."라고 했다죠.

지금 고고학계에선 모두가 알고 있었지만 쉬쉬하고 지나갔던 암묵의 카르텔이 존재했었다고 보고 있습니다. 당연히 지금 일본 고고학계는 후지무라 신이치를 완전히 지워버렸죠.

한편 중국 고고학계에도 흑역사가 존재합니다. 중국 베이징 근처에 '명13릉(明十三陵)'이라고 있어요. 그중 장릉(영락제), 소릉(융경제), 정릉(만력제)만 대중에게 공개되었는데 정릉의 경우 지하 궁전까지 들어갈 수 있죠. 원래 왕릉은 발굴을 하지 않는 게 원칙인데 1949년 중화인민공화국(중국)을 건국한 후 경험도 쌓을 겸 왕릉을 하나 발굴하자고 한 겁니다. 우리에겐 임진왜란 때 원조를 보내준 황제로 유명하지만 중국에선 명나라 황제들 중 가장 욕을 먹었던 제13대 황제 만력제(萬曆帝)의 능을 1956년부터 1959년까지 발굴해요.

그런데 1966년에 문화대혁명(文化大革命)이 일어납니다. 낡은 사상, 낡은 문화, 낡은 풍속, 낡은 관습을 타파하는 게 주요 골자였죠. 오래된 유물도 당연히 주요 대상이었습니다. 황제야말로 낡은 봉건사상의 상징이자 심각한 범죄자라고 하여 발굴한 만력제의 시신을 불태워버렸어요. 이루 말할 수 없이 참혹하고 또 안타까운 사건이었죠.

황제의 시신을 불태워버릴 정도니 그 밖의 문화재들은 어땠겠습니까? 그야말로 수많은 문화재가 사라졌어요. 문화대혁명은 중국 역사뿐만 아니라 세계 역사에 길이 남을 만한 흑역사입니다.

곽민수　　　고대 이집트에서도 흑역사를 지우려는 시도가 있었습니다. 그것도 굉장히 자주 있었죠. 대표적인 사례가 아케나텐(Akhenaten)이라고 하는 파라오의 시대를 지우려는 시도였어요. 아케나텐은 고대 이집트 신왕국 제18왕조의 파라오로 기원전 1350년경에 왕위에 올라 약 20년간 이집트를 통치했습니다.

이 파라오는 상당히 극단적인 방식으로 종교개혁을 시도했어요. 고대 이집트는 전통적으로 완전한 다신교 사회였습니다. 물론 최고신들이 존재하고 시대에 따라 조금씩 바뀌기는 했습니다. 창조신 프타(Ptah), 그다음이 태양신 라(Ra), 그리고 신왕국 시대에 들어서 아멘(Amen)이 최고신이 되는 식이었죠. 그렇다고 최고신이 아닌 다른 신들이나 그 신을 섬기는 이들이 억압하거나 부정하진 않았어요.

그런데 아케나텐은 다른 방식으로 행동했죠. 태양신들 가운데 잘 알려지지 않은, 당시까진 마이너한 지위의 신이이었던 태양 원반의 신 아텐(Aten)을 최고신 지위로 올려놔요. 그러곤 다른 신들은 모두 부정했죠. 아텐의 신전을 제외한 다른 신을 모신 신전들을 모두 폐쇄한 건 물론입니다. 다신교 사회에서 유일신 종교를 탄생시킨 거죠. 그런데 아케나텐이 시도한 파격적인 종교개혁은 결국 실패합니다.

그리고 그가 죽은 후 모든 게 빠르게 원상복구되었고요. 그 과정에서 왕위에 오른 이가 그 유명한 투탕카멘(Tutankhamen)이에요.

원상복구 과정에서 후대의 파라오들과 기존의 기득권 세력은 역사에서 아케나텐을 완전히 지우려는 시도를 합니다. 모든 걸 완전히 다. 이를테면 아케나텐이 그려져 있는 부조나 벽화에서 얼굴을 모조리 지워버리고 이름도 다 파냈죠.

관련해 이런 사례가 있었어요. KV55, 즉 왕들의 계곡 55호분에서 금박 입힌 관이 발견되었는데 얼굴 부분과 파라오의 이름이 새겨져 있는 카르투슈(Cartouche, 상형문자 기호) 부분만 파여 있었습니다. 하여 오랫동안 그 관에 들어 있는 시신이 누구인지 분명하게 밝혀지지 않았죠. 2010년대에 이르러 DNA 조사를 해본 결과, 그 시신의 주인은 아멘호테프 3세(Amenhotep III)의 아들이자 투탕카멘의 아버지라는 판단을 내릴 수 있었어요. 아케나텐일 가능성이 매우 높다고 할 수 있죠.

한편 아케나텐의 흔적을 철저하게 없애려는 노력이 오히려 그의 흔적을 더 잘 남게 하는 결과를 낳기도 했는데요. 아케나텐이 지은 건물들을 후세에 전부 부숴 해체해 다른 건물을 만드는 데 사용한 사례들이 있습니다.

예컨대 현대의 학자들이 카르낙 신전(Karnak Temple)의 탑문을 보수하려고 안을 들여다보니 아케나텐이 만든 건물이 해체되어 들어가 있었던 겁니다. 전부 다 꺼내 퍼즐 맞추듯이 맞춰보니 건물 하나가

고의적으로 훼손된 아케나텐의 형상.

고스란히 완성되었죠. 그렇게 아케나텐과 관련된 건물이 복원되기
도 했습니다.

강인욱　　　　고고학의 흑역사 중 재벌과 관련된 것도 있습니다.
지금 미국에서 크게 문제시되고 있는 펜타닐과 관련되었죠. 미국,
유럽에 가면 굉장히 퀄리티 높은 박물관들이 많습니다.
곳곳에서 '새클러(Sackler)'라고 하는 이름을 볼 수 있는데요. 제약회
사 퍼듀 파마(Purdue Pharma)의 회장 리처드 새클러는 동생과 함께 마
약성 진통제 중 하나인 옥시콘틴으로 막대한 부를 축적했죠.

한편 리처드의 삼촌이자 1950년대 퍼듀 파마를 인수했던 레이몬드, 모티머, 아서 삼 형제의 일원이기도 한 아서 새클러는 사방에 자기 이름으로 박물관을 짓습니다.

워싱턴 D.C.에 아메리카 인디언 박물관(National Museum of the American Indian)과 아시아 미술 전문관인 프리어 박물관(Freer Gallery of Art)이 있고요. 하버드 대학교, 프린스턴 대학교, 중국의 베이징 대학교에도 새클러의 이름이 붙은 박물관이 있습니다.

뿐만 아니라 미국 뉴욕, 영국, 프랑스의 주요 박물관들에도 새클러의 이름이 붙은 전시실이 수없이 많죠. 새클러의 컬렉션을 접하지 않으면 고고학 관련 논문을 쓰지 못할 정도입니다.

아무리 큰돈을 기부했다고 해도 마약과 관련된 약을 팔아 번 돈이니 그의 이름을 딴 박물관들은 오히려 오명을 뒤집어 쓴 셈입니다. 그러니 새클러의 이름을 지우라는 강력한 항의 때문에 세계 유수의 박물관들은 그의 이름을 조금씩 지워나가고 있다고 합니다. 여전히 전 세계에 걸쳐 너무 많은 박물관에 새클러의 이름이 남아 있지만요. 아무리 훌륭한 유물을 기증해도 정당하지 못한 방법으로 돈을 벌었다면 결코 미화될 수 없다는 일종의 반면교사인 셈입니다.(참고: 강인욱, 『테라 인코그니타』, 창비, 2021.)

절대로 화해할 수 없는 나라들이 있을까

허준　　　　세계 지리를 보면 파키스탄과 인도가 붙어 있고 또 중국과 인도가 붙어 있고 우리나라는 일본과 사실상 붙어 있잖아요? 붙어 있는 나라는 다들 사이가 별로 안 좋은가요? 안 그런 나라들도 있겠지만요. 이집트는 어떤가요?

곽민수　　　　현대 이집트 말씀이신가요? 이집트에 대해 이야기할 때는 꼭 시간적 범주를 먼저 말씀해주셔야 해요. 수천 년, 수만 년의 역사가 따라다니니까요.

현대 이집트의 경우 이스라엘, 팔레스타인, 요르단, 수단, 리비아와 국경을 맞대고 있습니다. 수단과는 그리 사이가 좋진 않죠. 물론 그럼에도 불구하고 이집트는 수단에 지속적으로 영향력을 행사하려고 하고 있어요. 리비아의 경우 카다피 정권이 몰락한 이후 여러 개의 국가 정치체로 갈라졌습니다. 그 가운데는 친이집트적 성향을 지닌 군벌 세력도 있고요.

그리고 중동 지역에서 그나마 이스라엘과 덜 적대적인 관계를 형성하고 있는 나라가 이집트입니다. 두 나라는 지난 1979년에 미국의 중재로 '이집트-이스라엘 평화 조약(Egypt-Israel peace treaty)'을 맺었어요. 이 조약으로 양국 간의 전쟁 종결과 함께 1967년에 발발한 제3차 중동 전쟁으로 이스라엘이 이집트에게서 빼앗은 시나이 반도를 돌려줬습니다.

박현도　　　　그리스와 튀르키예 관련해 그런 얘기가 있었어요. 그리스 아테네에 가면 이스탄불로 가는 비행기가 없다, 이스탄불이 아니라 콘스탄티노폴리스라고 한다고 말이죠.

1453년에 오스만 제국이 동로마 제국의 콘스탄티노폴리스(지금의 이스탄불)를 함락했고 이후 이슬람 최고 도시로 영화를 누렸습니다. 반면 그리스에선 눈엣가시로 여겼겠죠.

최근에 박식한 대학원 제자한테 그리스에 대해 물어봤습니다. 지금

콘스탄티노폴리스에 입성하는 오스만 제국의 술탄 메흐메트 2세.

도 여전히 아테네에 이스탄불로 가는 비행기가 없냐고 말이에요. 그랬더니 제자가 말하길 이스탄불로 가는 비행기가 있긴 한데 그리스어로 방송할 때면 이스탄불이 아니라 콘스탄티노폴리스라고 한다고 하더라고요. 수백 년 전의 앙금이 여전히 남아 있는가 봅니다.

또 이집트와 튀르키예 사이가 정말 나빠요. 예전에 외국에서 공부했을 때 학교 식당에 '수블라키(Souvlaki)'가 나왔어요. 꼬챙이에 여러 조각의 고기와 채소를 꽂아 구워 먹는 그리스의 꼬치 요리 말이에요. 그런데 한 튀르키예 친구가 막 투덜대는 겁니다. 이게 왜 그리스 요리냐고, 이거 튀르키예 요리라고 말이죠.

곽민수　　어렸을 때 그리스 아테네에서 튀르키예 이스탄불까지 기차를 타고 간 적이 있습니다. 서른 시간 정도 걸렸던 것 같아요. 그런데 국경지대를 넘어가는데 정말 무섭더라고요. 전쟁이라도 난 것 같은 분위기였습니다. 열차도 쉽게 통과시켜 주지 않았어요. 군인들이 계속 세우더라고요. 그래서 내렸다가 다시 탔다가를 반복했었죠.

허준　　사이가 좋지 않았다가 좋아진 국가들이 있나요? 역사적인 사건이 얽히고설켜 있어서 쉽지 않을 것 같은데 말이죠.

박현도　　　　중동만 봐도 국경을 맞대고 있는 나라들 중 친한 사이가 거의 없어요. 그중에서 가장 친한 사이라고 하면 사우디아라비아와 아랍에미리트가 있겠네요. 요즘 좀 삐걱거리는 것 같긴 하지만, 걸프 지역의 여섯 나라 정도는 서로 사이가 괜찮은 편입니다.

그런가 하면 같은 무슬림 국가라고 해서 다 사이가 좋은 건 아닙니다. 이를테면 아제르바이잔, 아르메니아, 튀르키예, 이란이 서로 국경을 맞대고 있어요. 그중에 아제르바이잔은 이란처럼 시아파가 많아요. 65% 정도입니다. 그럼 '아제르바이잔하고 이란은 서로 사이가 좋겠구나' 하고 생각하기 쉽지만 전혀 그렇지 않아요. 두 나라는 사이가 좋지 않습니다. 그럼 이란은 어느 나라와 사이가 좋으냐 하면 바로 기독교 국가인 아르메니아예요. 아제르바이잔은 이란과 달리 세속적인 국가라서 그렇죠.

곽민수　　　　국가 간에 사이가 좋고 나쁘고는 단순히 이데올로기 때문은 아닌 것 같습니다. 특히 국경을 맞대고 있는 국가들끼리는 여러 이해관계가 얽히고설켜 있을 수밖에 없지 않습니까. 물리적으로 붙어 있으니까 사이가 나빠질 가능성이 높은 것 같고, 사이가 나빠진 상태로 시간이 흐르면 점점 감정적으로 싫어하게 되는 것 같아요.

박현도　　　　중동의 경우 국경선이 애매합니다. 거의 전부 서방 국가가 그어버린 것이죠. 이를테면 요르단과 사우디아라비아 국

요르단과 사우디아라비아의 국경을
인위적으로 기이하게 그린 윈스턴 처칠.

경이 지그재그 모양의 기이한 형태를 띠고 있어요. 그 모양이 인위
적이라고 하면 너무 웃기지만, 인위적으로 국경선을 그은 게 맞습니
다. 1920년 이집트 카이로에서 당시 영국의 식민장관이었던 윈스턴
처칠(Winston Churchill)이 어느 일요일 점심을 거하게 먹은 후 딸꾹
질을 하는 바람에 펜을 잘못 놀려 그런 모양이 생겼다고 하죠. 하여
'처칠의 딸꾹질' 또는 '처칠의 손'이라고 부릅니다. 아주 유명한 선이
에요.

곽민수　　　가까운 지역들 사이의 감정이 나쁜 상태로 굉장히 오래가는 경우가 많습니다. 고대 이집트를 예로 말씀드리자면, 기원전 3100년경에 문명을 형성한 이집트 남부 나일강 유역의 '누비아'라는 문명이 있습니다. 오늘날 이집트 남부와 수단 북부 지역이죠. 이집트와 누비아는 수천 년 동안 계속 사이가 나빴어요. 주로 이집트가 누비아를 착취했죠. 그렇다고 항상 이집트가 힘이 세진 않았습니다. 고대 이집트 역사를 보면 '중간기' 시대가 몇 번 존재하는데, 그때마다 누비아가 왕국을 형성해 오히려 이집트를 압박했죠.

그러다가 기원전 8세기쯤 세 번째 중간기를 맞아 다시 한 번 이집트가 크게 흔들리고 있던 때 누비아가 이집트를 정복해 제25왕조를 세웁니다. 당시 누비아인들은 이미 상당히 이집트화되어 있었지만 그렇다고 자신들의 정체성이 이집트에 있다고 생각하지 않았어요. 이집트인이 아니라 누비아인이라고 생각한 거죠.

누비아인의 이런 인식은 이집트 문명이 종말을 고할 때까지 계속됩니다. 지금도 이집트 남부에 가면 고대 누비아인의 후손이 살고 있는데, 그들 중 상당수는 이집트 국적 보유자이지만 자신들을 이집트인이 아닌 누비아인이라고 생각하는 경우가 많죠.

헤게모니 전환 시점을 장악한 세력들

허준　　　　유럽은 2,500여 년 전에 문명을 꽃피우기 시작했죠. 그러다가 중세에 이르러 힘을 얻기 시작했고요. 그렇다면 이 시대에 힘의 균형이나 문화의 균형은 어땠는지 한번 들여다볼까요?

강인욱　　　막상 들여다보면 서양보다 동양이 모든 면에서 월등히 앞섰습니다. 화장실도 한반도에선 이미 4, 5세기 백제 때 등장하죠. 동아시아에는 '화장실 고고학' 분야가 따로 존재할 정도예요.

물론 한데 모아 처리했다지만 그 안에서 샘플을 채취해 분석하면 기생충 알이 나옵니다. 그 기생충 알을 조사하면 최소한 이 사람이 뭘 먹었나를 유추할 수 있어요.

예컨대 화장실을 발굴해서 9세기 때 발해 사신들이 일본에 갔었다는 사실을 알아냈습니다. 심지어 발해 사신들이 묵었던 여관까지 알아냈죠. 당시 일본인들은 돼지고기를 먹지 않았거든요. 그런데 발해 사신들 시신에선 돼지고기에만 있는 편충이 나왔습니다. 이 건물에 발해 사신들이 묵었을 거라는 사실을 유추할 수 있었던 겁니다.

허준   그런가 하면 유럽이 대항해로 나갈 수밖에 없었던 이유가 이슬람의 강성함 때문이었다고 알고 있는데요. 이슬람 세력이 내륙에서 워낙 강력하게 압박하면서 무역로를 막으니까 바깥으로 나간 것 아니겠습니까? 그런데 이후에 이슬람 세력은 약해졌나요?

박현도   유럽의 이른바 대항해시대, 즉 15~16세기에 중동지역은 오스만 제국이 장악하고 있었습니다. 그런데 1683년 '제2차 빈 공방전(Battle of Vienna)'에서 합스부르크 제국(Habsburgerreich)의 빈을 무너뜨리는 데 실패하고 맙니다. 이후 1699년에 오스만 제국과 합스부르크 제국은 '카를로비츠 조약(Treaty of Karlowitz)'을 맺는데요, 오스만 제국은 상당한 영토를 내줘야 했죠. 오스만 제국 역사상 패자의 입장에서 조약을 맺은 최초의 사례입니다.

1683년 제2차 빈 공방전 묘사도.

오스만 제국은 17세기 말에 쇠퇴가 시작되고 있었던 겁니다. 저는 그 포인트를 이렇게 봅니다. 당시 중국에 예수회가 진출합니다. 그 때까지만 해도 중국의 천문 관측은 무슬림이 하고 있었어요. 그런데 예수회가 들어가더니 천문 관측에서 무슬림을 두 번 이깁니다, 정확한 계산으로요. 그렇게 예수회 사람들이 흠천감(欽天監, 명나라와 청나라 때 천문, 역수, 점후를 맡아보던 관아)을 꿰차요. 저는 그때 역사가 크게 바뀌었다고 봅니다.

그리고 1798년에 나폴레옹이 이집트 원정을 떠나 알렉산드리아를 점령하고 카이로로 진군하죠. 와중에 이집트를 장악하고 있던 맘루크군과 맞닥뜨립니다. 상대가 되지 않았어요. 결국 맘루크군은 수천 명이 죽었고 프랑스군은 몇십 명만 죽었죠. 나폴레옹의 큰 승리 중 하나로 '피라미드 전투(Battle of the Pyramids)'라고 불립니다. 그렇게 이슬람 세력은 17세기에 쇠퇴하기 시작해 18세기에 이르면 유럽과 뒤바뀌었어요.

어떻게 그리 되었을까 들여다보면, 오스만 제국의 경우 유럽과 다르게 자신들과 동일한 언어를 쓰는 사람들을 군인으로 양성하지 않았습니다. 전부 용병을 썼어요. 9세기부터 내려온 아랍의 전통이에요. 8세기부터 16세기까지 존재한 압바스 왕조는 자국 군대를 양성하지 않고 투르크 용병을 썼습니다. 자국 군대를 양성했다가 힘을 키운 장군이 반란을 일으킬지 모르니까요. 그러니 난다 긴다 하는 용병을 데려와선 자국민들과 별도로 취급했어요, 오직 황제만 모시게끔. 그 전통이 이어져 훗날 쇠퇴의 길까지 간 게 아닐까 생각해 봅니다.

강인욱   소위 '잘나갈 수 있는' 모든 요소가 이미 중국에 차고 넘쳤습니다. 그러니 잘나갈 수 있는 기회가 많았죠. 그런데 유럽처럼 절박하지 않았어요. 명나라 때 환관 출신의 탐험가 '정화(鄭和)'를 보면 북쪽으로는 몽골 너머까지, 동쪽으로는 일본까지, 남쪽으로는 지금의 인도네시아까지, 서쪽으로는 아프리카까지 가지 않았습니까? 그런데 탐험으로 끝이었어요, 정복하지 않습니다. 알아서 조공을 해올 거라는 마인드가 오랫동안 자리 잡고 있었던 것 같아요.

배가 부른 상태인 거죠.

유럽의 경우 한쪽을 누르면 다른 한쪽이 튀어 나갈 수밖에 없는 제로섬 게임의 형태라면 중국의 경우 하나의 거대한 용광로 같아요. 중국이라는 거대한 통에 다 들어옵니다. 중국 입장에선 알아서 통에 들어오는 것들만 챙기면 됩니다. 굳이 멀리까지 나갈 필요가 없죠. 어쩌면 완벽해 보이는 중화 문명의 구조가 근대 이후 몰락의 단초를 제공한 셈이었습니다.

곽민수   헤게모니(Hegemony)가 전환되는 시점에선 좀 더 결핍되어 있고 생존에 있어서 절박한 세력이 승리하는 경우가 많은 것 같습니다. 결국 그 집단이 헤게모니를 쟁취하는 거죠.

이런 가설은 고대 이집트에도 적용할 수 있는데요. 기원전 12세기 무렵이 되면 동지중해에 '바다 민족'이라고 불리는 세력이 활개를 치기 시작합니다. 그 결과 당시 한창 전성기였던 여러 청동기 문명권들이 모두 몰락합니다. 미케네, 히타이트는 물론 레반트 지역까지 모두 다요. 그런데 유일하게 이집트만 성공적으로 막아냅니다. 고대 이집트 최후의 위대한 파라오 람세스 3세의 공이었죠.

그로부터 100년, 200년 정도가 지나 철기 기반 세력이 구 청동기 문명권들에 들어갔을 때 그곳에는 강력한 정치체가 없었어요. 그런 만큼 철기 세력은 별 저항 없이 지역 내에 잘 정착할 수 있었고, 결과적으로 사회의 기술적 바탕이 청동기에서 철기로 부드럽게 전

람세스 3세가 바다 민족의 침공을 막아내고 있다.

환될 수 있었던 거죠. 그런데 이집트는 청동기로 모든 걸 성공적으로 해냈습니다. 즉 이집트는 청동기에서 철기로의 변화 모멘텀(momentum)을 갖지 못했던 겁니다. 이후 기원전 7세기에 철기로 무장한 아시리아 제국이 이집트로 쳐들어 옵니다. 청동기의 이집트는 이 철기 세력을 막아낼 수 없었죠. 이후 페르시아 제국이 쳐들어올 때도 마찬가지였고요. 그렇게 이집트 문명은 몰락의 길을 걸었습니다. 그러다가 기원전 332년 알렉산드로스 대왕이 이집트로 들어오면서 비로소 이집트는 철기를 받아들이죠.

허준　　좋은 시절이 길어도 너무 길었던 것 같습니다. 이집트도 이슬람도 중국도 말이죠. 지금 이대로도 충분하고 또 너무 좋은데 군이 뭘 더 해야 할까 싶었을 것 같아요.

강인욱   그래서 이런 말이 있지 않습니까. '문명은 변방에서 시작된다'라는 말이요. 그리고 중국에선 '영웅은 자금성에서 태어나지 않는다'라는 말도 있습니다. 즉 변방에서 태어난 자가 결국 자금성을 차지한다는 거죠.

오랫동안 취급을 못 받았던 러시아가 지금 강대국으로 세계를 뒤흔들고 미국도 마찬가지 아니겠습니까. 저는 문명이 어떻게 잘나갔는지보다 문명이 어떻게 망했는지에 조금 더 집중할 필요가 있다고 생각해요. 하나의 문명이 쇠락하는 시점을 제대로 파악한 변두리 세력이 문명을 다시 발전시키는 새로운 원동력이 되기 때문이죠.

박현도   한 사람의 사상이 모든 걸 망칠 수 있습니다. 이슬람 역사상 가장 뛰어난 자라고 일컫는 '알가잘리(Al-Ghazali)'가 철학자와 논쟁을 벌였어요. 가잘리는 11세기 사람으로 셀축 제국의 법학자이자 신학자였는데, 인과관계를 무시했어요. 원인과 결과를 무시하면서 논쟁하는 건 있을 수 없지 않습니까? 그런데 가잘리는 법학자로서 워낙 유명하고 탁월해서 '법학적으로 봤을 때 철학이라는 학문은 해선 안 된다'라는 법적인 판단을 내린 겁니다.

그렇게 이슬람 역사에서 아리스토텔레스 철학이 사라지죠. 이후 아리스토텔레스 철학은 12세기에 이븐 루슈드(Ibn Rushd)를 통해 유럽으로 들어갑니다. 그런데 유럽인들은 오히려 발전시켰어요. 시간이 흐르면서 이슬람과 유럽 간의 격차가 심화된 거죠.

고대 이집트가 제국의 길을 가지 않은 이유

허준   이집트가 나라 안에선 굉장히 강력한 왕권을 자랑했던 반면 나라 밖에서 다른 국가들한테는 많이 졌다고 알고 있습니다. 맞나요?

곽민수   시간적인 범주를 정해야 합니다. 현대 이스라엘이 탄생한 후 네 번의 중동 전쟁을 치르는 동안 항상 이집트가 반대편에 있었고 대부분 이스라엘이 이겼죠. 그런가 하면 과거에 페르시아가 이집트를 두 번 정복했어요. 기원전 500년대와 기원전 300년대에 한 차례씩. 그때 이집트는 이미 2천 년 넘게 존속되었기에 쇠락한 상태였습니다. 그럼에도 중동 지방에 이집트의 상대가 될 수 있는 국가들이 여럿 있었어요. 히타이트, 미탄니, 바빌로니아 등.

여기서 짚고 넘어가야 할 사항이 있습니다. 메소포타미아 쪽의 고대 국가들은 국가가 안정화되면 '제국(황제가 국가원수인 군주제 국가 또는 다른 민족이나 국가를 통치하는 국가)'의 길로 들어서요. 다른 지역이나 나라를 정복해 직접 통치를 시도하는 경우가 많죠. 대표적으로 아카드, 아시리아, 페르시아 등입니다.

그런데 이집트는 국가가 아무리 강력해지고 안정화되어도 완전한 형태의 제국으로 변화하지 않았어요. 대신 주변의 여러 정치체에 지속적으로 영향력을 발휘합니다. 예컨대 동지중해 지역을 관리하고 이집트 남부의 누비아 지역도 관리하는데 이집트 영토로 편입시키지는 않았죠.

고대 이집트의 문화적 특수성 때문인데 이집트는 항상 이집트여야만 했습니다. 공간의 정의가 정해져 있어요. 이를테면 나일강이 없으면 이집트가 아닙니다. 이런 식으로요.

이집트인들은 문명이 탄생하던 시점부터 '이집트'라고 하는 공간의 영역 내에 '마트(Maat, 법과 정의, 조화, 진리, 균형, 도덕, 질서, 법, 지혜라는 개념을 의인화한 여신이자 우주적인 기본질서 및 윤리로 세계의 질서 및 우주 만물 법칙의 근본 자체이자 상징)'라고 하는 우주적 질서가 적용된다고 생각했습니다. 그곳을 벗어나면 무질서한 공간인 것이죠. 그러니 그 공간을 이집트로 편입시킬 이유가 전혀 없는 것입니다.

외래 지역의 경제적인 이권들이 있습니다. 예컨대 레반트 지역에선 나무를 가져오고 누비아 지역에선 금을 가져왔어요. 그러니 항상 관리를 해야 했죠. 이집트가 압도적으로 강하다 보니 간단히 쳐들어가서 뺏어올 건 뺏어오면서도 "너희는 너희대로 그냥 남아 있어, 너희는 이집트가 아냐."라고 분명하게 선을 긋는 거예요. 대신 이집트가 아닌 다른 나라에 붙으려고 하면 다시 군대를 출동시켜 "다른 나라에 붙지 말고 이집트에 붙어야지." 하는 식이었죠.

진실의 깃털을 쓴 마트의 모습.

인류 역사상 전쟁과 비극을 부른 금에 관하여

허준　　　인류 역사를 보면 보물을 두고 지키려 하고 뺏으려 하는 움직임이 끊임없이 일어나지 않았습니까? 지금이야 법으로 정해서 서로 뺏지 못하게 하니까 괜찮지만 옛날에는 그렇지 않았잖아요. 그래서 전쟁도 나고 비극도 불러왔겠죠?

곽민수　　　이집트 문명이 시작된 기원전 3100년 무렵부터 끊임없이 누비아 지역을 침략하고 약탈합니다. 그곳에서 금이 많이 생산되었기 때문입니다. 누비아는 지속적으로 이집트에게 착취의 대상이었는데, 그렇기 때문에 이집트가 힘이 셀 때는 누비아가 맥을 추지 못했고 이집트의 힘이 조금만 약해지면 누비아가 세력을 규합해 이집트에 저항했죠. 그렇지만 다시 이집트가 힘이 세지면 누비아가 숨을 죽이는, 이런 식의 역사 과정이 반복되었습니다.

신왕국 시대에 들어서는 이집트가 누비아 지역을 아예 이집트화시키려 시도하는데, 일종의 문화 통치를 시작했다고 할 수 있습니다. 그 과정에서 이집트의 파라오들은 누비아에 이집트 스타일의 신전을 짓고 이집트의 이데올로기를 이식해요. 그런데 기원전 8세기 중반이 되면 이집트화된 누비아가 역으로 이집트를 정복합니다. 이 시기가 바로 90여 년 동안 지속된 제3중간기 25왕조 시대로 이때 파라오들은 모두 누비아인이었죠.

누비아 통치자들 조각상. ⓒ 케르마 박물관

강인욱　　　작년에 경주시 쪽샘지구 신라 고분 무덤에서 10대 공주가 모습을 드러냈습니다. 무덤의 주인이 다름 아닌 10대의 신라 공주였던 거죠. 황금도 많이 나왔고요. 황홀한 황금이지만 한편으론 허무합니다. 영원한 아름다움을 상징하는 황금을 온몸에 치장했지만 무덤을 발굴해 보면 남아 있는 건 황금밖에 없으니까요. 몸은 남아 있지 않습니다. 황금과 욕망만이 영원하니, 아이러니하게도 삶의 허무를 영원함의 상징인 황금에게서 배우는 것 같습니다.

박현도　　　황금과 관련해선 무슬림이 깔끔하네요. 황금으로 집을 만들었다지만 오직 알라를 위한 겁니다. 무슬림 왕조차 깔끔하게 매장하죠. 황금으로 온몸을 두르긴커녕 천 쪼가리 하나로 싸서 관도 쓰지 않고 땅에 묻어버리니까요. 그게 무슬림의 관습이자 전통입니다.

인류 역사상 어이없고 황망한 죽음들

허준　　　　역사를 들여다보면 어이없고 황망한 죽음의 사례가 많이 있을 것 같습니다. 어떤가요?

박현도　　　　무슬림 역사에서 가장 비참하게 죽은 사람이라면 단연 압바스 칼리파조의 마지막 제37대 칼리파 '알 무스타심(al-Musta'sim)'입니다. 1258년에 몽골 제국군이 쳐들어와요. 그로선 막아낼 재간이 없었죠. 바그다드를 점령한 몽골군은 알 무스타심을 죽이느냐 마느냐로 굉장히 고민하고 있었습니다. 주변에서 칼리파를 죽이면 해가 사라지고 천재지변이 일어난다고 하니까 말이죠.

그때 시아파 학자 나시룻딘 앗뚜시(Nasir al-Din al-Tusi)가 칼리파를 죽여도 그런 일은 일어나지 않을 거라고 단언합니다. 그 말을 듣고 몽골군이 알 무스타심을 멍석에 말아 말발굽에 압사시켜 죽이죠. 몽골에는 '땅에 피를 흘리지 않는 게 영예로운 죽음'이라는 관습이 있었기 때문입니다.

곽민수　　　3천여 년 동안 이어진 고대 이집트 역사의 수많은 파라오 중 최초로 여겨지는 후보가 두 명 있습니다. 나르메르(Narmer) 그리고 메네스(Menes)인데요.

나르메르는 고고학적으로 확인이 되었어요. 나르메르의 이름이 쓰인 당대 유물들이 여기저기서 다수 확인되었죠. 심지어 팔레스타인, 이스라엘 남부에서도 확인되었습니다. 반면 메네스의 경우 고고학적으로는 확인이 되지 않습니다. 다만 고대 이집트의 후대 기록들에선 첫 번째 파라오를 메네스라고 해요. 그래서 나르메르와 메네스가 동일인이냐 아버지와 아들 관계냐 등 여러 가지 설이 있죠.

그중 메네스에 관해 쓴 가장 유명한 기록물이 기원전 3세기경 마네토(Manetho)가 쓴 『이집트 역사(Aegyptiaca)』라는 책입니다. 그 책에서 메네스를 고대 이집트의 첫 번째 파라오라고 하고, 그가 몇십 년간 이집트를 잘 통치했다며 책의 마지막에 그의 최후를 단 한 줄로 처

나르메르의 팔레트(Palette).　　　　메네스의 얼굴 석상.

리했는데 '나일강에서 하마한테 물려 죽었다'라고 썼어요. 메네스가
고대 이집트를 통일했을 가능성이 높은 위대한 파라오임에도 불구
하고 '나일강에서 하마한테 물려 죽었다'라는 단신으로 마지막을 처
리하는 게 굉장히 허무하고 또 이상한 것 같습니다.

고대 이집트인들이 가장 무서워한 동물이 셋 있는데 바로 하마, 악
어, 사자예요. 심지어 이 세 동물을 합쳐놓은 신도 있어요. 암무트
(Ammut) 혹은 암미트(Ammit)라고 하는 신인데 머리는 악어, 몸의 앞
부분은 사자, 엉덩이 부분은 하마죠. 이집트어로 암(m)은 '먹다'라는
의미고 무트(mwt)는 '죽음'이라는 의미이기에 풀이하면 '죽음을 먹
는 자'라고 할 수 있겠습니다.

강인욱　　　초원 유목민족의 경우 예기치 않은 죽음이란 게 사실상 없습니다. 초원 자체가 워낙 험난한 데다가 죽음이 초원의 일상이라 죽음을 이상하게 생각하지 않죠.

그런 가운데 가장 극적이고 황당한 죽음은 아마도 5세기 중반 훈족의 군주 아틸라(Attila)가 아닐까 싶습니다. 훈족이라 하면 4세기부터 시작되어 유럽 역사를 완전히 바꿔버린 '민족의 대이동 시대(4세기부터 6세기까지 게르만족이 훈족에게 쫓겨 로마 영토에 해당하는 유럽 지역으로 침입한 때)'를 촉발한 것으로 유명하죠.

아틸라는 훈족의 제7대 군주로 동로마 제국을 침략해 콘스탄티노폴리스를 포위하고 이후에는 서로마 제국까지 침략해 유럽 전역에 악명을 떨칩니다. 그런데 453년 어느 날 갑자기 헝가리에서 허망하게 삶을 마감합니다.

당시 점령한 도시에서 젊고 아름다운 왕비 일디코를 맞이하는데 그날 밤에 죽은 것이었죠. 코피가 기도를 막아 질식사했습니다. 복상사라고 말하는 사람도 있고요. 로마 교황은 하느님의 가호로 천사가 천벌을 내렸다고 했죠. 그가 몇 년 더 살았다면 유럽 역사가 또 어떻게 바뀌었을지 모르겠네요.

Question 1

유적지 발굴과 연구를 하려면 엄청난 자금이 필요할 것 같습니다.
주로 어떻게 조달하는지 알려주실 수 있나요?

강인욱　　　　발굴은 수십 명의 사람이 동원되고 또 토지를 발
굴하는 작업이기 때문에 엄청나게 많은 비용이 듭니다. 그러니 물론
고고학자의 개인 비용으로는 상상도 못하죠.

하여 크게 국가 재정과 건설사가 발굴 비용을 부담합니다. 먼저 국
가 부담은 주로 국립문화재연구원에서 이뤄지는데 경주, 공주, 부여
같은 사적지에 대한 정비와 조사입니다.

대부분의 고고학적 조사는 구제발굴(救齊發掘)이라고 해서, 길을 새
로 내고 건물을 지을 때 그 안에 있는 유적을 조사하는 경우입니다.
이 경우가 전체 발굴의 대부분을 차지합니다. 내가 땅의 주인인데

유물이 나오면 왜 내가 부담을 해야 하는가 이상할 수 있지만, 땅의 형질을 변경시켜 유적이 파괴되는 원리이기 때문입니다. 즉 땅을 파괴하는 대가를 치르는 거죠. 2022년 기준으로 한국에선 1,827건의 발굴이 이뤄졌고, 전체 비용은 3,027억 원에 달했습니다.

한편 해외 발굴은 주로 국가 재정을 지원받거나 연구재단에서 연구비가 선정되었을 때 시행하죠. 구제발굴이나 사적 조사에 비하면 그 규모는 매우 작은 편입니다.

한 장소에서 수십 년씩 발굴 작업을 해도 제대로 된 게 나오지 않는 경우가 많잖아요? 교수님은 한 장소에서 얼마나 오래 발굴 작업을 해보셨나요?

강인욱   저는 2007년부터 2012년까지 5년 동안 러시아 연해주의 크라스키노 현장(안중근 의사가 활동했던 연추리 마을 근처)에서 발굴 조사를 했습니다.

한 장소에서 수십 년간 발굴을 하는 유적은 많이 있습니다. 경주만 해도 해방 이후 50년 넘게 발굴을 하고 있죠. 그런가 하면 100년 넘게 유적을 조사하는 곳도 적지 않고요.

몇 년간 발굴해서 성과가 좋지 않으면 곧바로 중단하고 다른 유적을 찾습니다. 유적은 셀 수 없이 많고 고고학자의 시간과 자본은 한정되어 있으니 제대로 된 유적이 없으면 곧 발굴을 중단하는 게 일반적이죠.

> 중국 역사를 보면 조조가 도굴을 전문적으로 하는 부대까지 만들어 운영했다고 하는데요. 정작 그의 무덤은 어땠나요? 도굴되었나요?

강인욱　　　조조(曹操)의 무덤은 공식적으로 발굴이 되었어요. 지금으로부터 십수 년 전인 2008년으로 거슬러 올라갑니다. 중국의 대표 역사 도시인 허난성 안양시에서도 옛 무덤들이 도굴된다는 첩보를 입수해 조사하다 보니 조조의 무덤이라는 게 확인되었죠.

하지만 이미 몇 차례 도굴된 적이 있었고, 급기야는 무덤의 벽에서 화상석(畵像石, 그림을 새긴 벽체)까지 뜯어 팔아넘겼습니다. 참담하게 도굴된 무덤에 들어가보니 3m가 넘는 구멍이 뚫려 최근까지도 사람들이 자유롭게 넘나들며 유물을 가져갈 수 있었고, 남아 있는 건 바닥에 남겨진 자잘한 유물 400점 정도에 불과했습니다.

남아 있는 유물들을 하나씩 수습하던 고고학자들은 무덤 바닥에 새겨진 글자들을 판독하다가 순간 눈을 의심할 수밖에 없었죠. 위무왕(魏武王)이라는 글씨가 새겨진 돌로 만든 표들이 나왔어요. 조조는 무왕(武王)이라 불렸고 그가 세운 나라는 다름 아닌 위(魏)나라, 하여 무덤의 주인이 조조라는 게 확인되었습니다.

이후 2010년에 중국 정부는 공식적으로 조조의 묘가 발견되었다고 공표했습니다. 도굴의 왕 조조의 무덤이 다른 사람에게 심하게 도굴되었으니, 이 또한 역사의 아이러니가 아닐 수 없습니다. 조조는 평소에 도굴을 두려워해 사방에 가짜 무덤을 만들었다고 하고, 무덤의 규모도 작아서 저를 포함한 많은 고고학자들은 조조의 무덤이 발견되었다고 100% 확신은 못하는 편이죠.

4장

당신이 몰랐던
역사 속
이모저모

고대에도 아르바이트라는 게 있었을까

허준　　　　옛날 옛적 고대에도 생계를 유지하기 위해 본업
이외에 아르바이트를 했다고 하던데 어떤 일을 했는지 궁금합니다.

곽민수　　　　고대 이집트에도 아르바이트가 있었습니다. 신왕
국 시대가 되면 왕의 무덤을 만드는 장인이 출현합니다. 국가에서
고용한 기능직 공무원이라고 할 수 있는데 대우가 괜찮았어요. 그들
과 관련된 기록들이 굉장히 많이 남아 있어서 어느 정도 이상의 추

정이 가능하죠.

그들이 한 달에 받은 급여가 가족 열 명이 한 달을 지내고도 남을 만할 정도였다고 해요. 그들은 약간의 사치를 부리기도 했습니다. 재산의 일환으로 집에 소를 갖고 있는 사람도 있었고 심지어 하인을 고용한 사람도 있었어요. 그런데 이런 사치는 그들이 받는 급여의 수준을 넘어서는 부분들이었습니다.

그러면 그들은 어떻게 급여 수준을 뛰어넘는 부를 축적할 수 있었을까요? 바로 본업 외에 아르바이트를 했기 때문입니다. 그렇다면 어떤 아르바이트냐?

첫 번째는 나름 공식적입니다. 주지했듯 그들은 본래 왕의 무덤을 만들었으니 이집트에서 가장 높은 레벨의 장인이라고 할 수 있습니다. 그래서 귀족이 본인의 무덤을 만들고자 할 때 웃돈을 주고 그들을 데려왔던 거죠.

그런가 하면 떳떳하지 않은 아르바이트도 있었습니다. 그들은 왕의 무덤을 속속들이 잘 알고 있었던 만큼 도굴을 할 수 있었죠. 왕의 무덤을 만든 장인들이 도굴했다는 기록이 꽤 많이 확인되는데, 도굴꾼을 잡아 수사하고 처벌한 기록을 보면 도굴꾼 프로필들 가운데 일부가 왕의 무덤을 만드는 데 관여한 사람이었습니다.

강인욱   '도굴 아르바이트'의 경우 고대 이집트뿐만 아니라 전 세계적인 현상으로 보여집니다. 중국의 경우 진(秦)나라 제

전라북도 고창의 고인돌.

13대 경공(景公)의 무덤이 발견되었는데 숱한 도굴꾼들이 도굴해서 100개가 넘는 도굴갱(도굴 통로)이 확인되었어요. 전문 도굴꾼이 아르바이트생들을 가르친 흔적이죠. 일종의 도굴 실습을 시킨 겁니다. 유라시아 초원의 스키타이나 흉노의 고분에서 무덤을 만든 사람이 도굴까지 했다는 증거가 고고학적으로 발견되었어요. 몽골의 노용울 고분을 발굴해보니 도굴 흔적이 나왔는데 도굴갱의 직경이 50cm 정도밖에 안 됩니다. 아이나 굉장히 마른 사람밖에 못 들어가는 크기죠. 그런데 그 도굴갱은 아주 정확하게도 20m 아래에 위치한 무덤의 한가운데로 이어집니다. 지상에 별다른 표시도 없었는데 어떻게 이리도 정확할 수 있었을까요. 무덤을 만든 사람이 도굴에 참여했을 겁니다.

스키타이 고분에선 도굴갱이 무너져서 아래로 내려가는 채로 죽어 있는 시신이 발견되었어요. 그 사람과 같이 있는 도끼가 나왔는데 무덤을 팔 때 사용했던 도끼와 동일한 형식이었죠. 아마 무덤을 만들고 곧바로 무덤 만든 사람이 도굴에 참여했을 가능성이 높아요. 이렇게 도굴하다가 도굴갱이 무너져 죽은 사람이 업무상 재해로 죽은 최초의 예가 아니냐는 농담도 하곤 합니다.

진짜 아르바이트의 증거는 다른 곳에 있다고 생각해요. 바로 우리나라 전라남북도에 2만 개 이상 남아 있는 고인돌(支石墓)입니다. 보통 고인돌 하면 스톤헨지(Stonehenge) 같은 거대한 구조물을 떠올리지만 책상만 한 고인돌도 꽤 많습니다. 이 고인돌이 동네마다 수십 개씩 공동묘지처럼 있어요. 그러니까 고인돌이 족장의 무덤만이 아닌 게 당시 족장이 2만 명 이상일 수가 없지 않겠습니까.

평소에는 농사를 지어야 하니까 농한기 때 돌을 깨서 강에 뗏목을 띄워 끌고 와 고인돌을 세워야 합니다. 즉 마을 사람들이 아르바이트를 한 흔적이라고밖에 볼 수 없는 거죠. 당시에는 벼농사가 이미 널리 퍼져 있었지만 고인돌만 전문적으로 만드는 직업이 있었다는 증거는 없어요. 그러니 평소에는 농사를 짓다가 농한기가 되면 마을 사람들이 힘을 모아 일을 하는 셈이니 본업 외에 잠깐 하는 아르바이트인 겁니다.

이렇게 말하면 '품앗이'라는 전통적인 노동 형식을 떠올릴 수 있는데, 품앗이라면 돌아가면서 작업을 해야 하지만 매년 작업을 하는 것도 아니고 또 모든 집이 고인돌을 만들지도 않았을 겁니다. 여유가 있는 사람들이 고인돌 쌓는 작업을 했을 테죠.

고대에도 화장실이라는 게 존재했을까

허준　　　지금 현대인들에게 화장실은 너무나도 당연한 것이지만 옛날에는 어땠나요? 유럽의 경우 비교적 최근까지도 화장실 문화가 없었다고 알고 있거든요.

박현도　　　이슬람 문화권은 청결을 굉장히 중요시했기에 그렇게 고대까진 아니어도 화장실은 있었습니다. 이를테면 조로아스터교(Zoroastrianism)의 경우 정결이 가장 중요한 목표이자 생활 양식

비데를 사용하는
18세기 프랑스 여인.

이기 때문에 더럽다는 건 상상조차 할 수 없었어요. 무슬림의 경우
청결하기만 하면 신앙생활은 절반 이상 행한 것과 다름없다고 봅니
다. 그들에게 정결은 그야말로 신앙의 반이죠.

그런가 하면 무조건 왼손으로만 닦아야 하죠. 이른바 오른손 문화
니까요. 중근동에선 오른손이 중요해요, 오른손이 우선입니다. 이
를테면 죽어서 심판을 받을 때 천사가 살아생전 한 일을 적은 책을
건네주는데 왼손에 주면 지옥행이에요.

그래서 깨끗한 곳에 들어갈 때는 오른발이 먼저, 더러운 곳에 들어갈 때는 왼발이 먼저예요. 그러니 화장실에 들어갈 때는 왼발부터 들어가야 하고 나올 때는 오른발부터 나와야 하는 거죠.

한편 프랑스에서 비데(Bidet)가 시작되었는데 그들이 배워온 게 바로 '십자군 전쟁' 때 무슬림이에요. 그들이 물로 씻는 걸 보고 배웠죠. 무슬림은 아주 옛날부터 볼일을 본 후에 물로 닦았습니다. 물이 없으면 깨끗한 모래로 닦았고요. 또 남자가 소변을 볼 때도 서서 하지 않습니다. 앉아서 하죠.

그래서 이슬람 문화권 나라에 가보시면 화장실에 남성용 소변기가 있는지 없는지로 서양 문화를 얼마나 받아들였냐를 판가름할 수 있습니다. 이란의 경우 소변기가 없는 화장실이 대부분이죠.

곽민수　　　　고대 이집트에도 화장실이 있었습니다. 고고학적으로 확인이 되죠. 근대적인 모습의 화장실이 생겨난 건 하수처리 시설이 사회적 인프라로 어느 정도 갖춰지고 나서일 겁니다.

고대 이집트 취락의 경우 하수처리 시설이 없었기 때문에 구역을 따로 공용화장실로 정해 볼일을 봤습니다. 일부 인원이 변을 가져다 버렸고요.

다만 그게 인류 최초의 화장실인지는 확실하지 않습니다. 우리나라에서도 비교적 최근까지 요강을 사용한 사례들이 있는데, 고대 이집트에서도 물론 요강을 사용했죠. 요강으로 사용된 항아리들도 굉장히 많이 발굴되었고요. 고대 이집트의 상류층이 사용한 요강은 상당히 정교하고 아름다웠습니다.

그리고 변도 굉장히 자주 발굴됩니다. 고대 이집트 문명이 시작되기 이전인 선사시대의 유적에서 변이 출토되는 경우도 있죠. 사실 이 고대의 변들은 고고학자들에겐 굉장히 중요한 자료입니다. 당시 사람들의 삶, 즉 그들이 뭘 먹었고 그들의 영양 상태가 어땠는지 종합적으로 판단할 수 있게 해주죠.

박현도   꼭 짚고 넘어가야 할 게 있습니다. 지금 유럽이 굉장히 선진화된 문화라고 하지만 십자군 전쟁 때까지만 해도 야만인 그 자체였습니다. 그랬던 그들이 무슬림 문화권을 접하고 놀라선 배워간 게 부지기수예요. 이를테면 개인 병동이라는 걸 처음 접했고 깨끗한 화장실도 마찬가지고요. 당시 이슬람이야말로 굉장히 선진화된 문화였던 거죠.

고대에는 지도를 어떻게 만들었을까

허준　　　　옛날 사람이 그려놓은 지도를 보면 놀랍기만 합니다. '어떻게 이리도 실제와 비슷하게 그려놨지?' 하고 말입니다. 우리나라만 해도 고산자 김정호의 대동여지도가 있지 않습니까? 너무 신기한 것 같습니다. 옛날에는 지도를 어떻게 만들었을까요?

곽민수　　　　고대 이집트에서도 굉장히 정확한 지도가 확인되고 있습니다. 세계에서 가장 오래된 지도라고 불리기도 하는데, 일명 '토리노 파피루스 지도(Turin Papyrus Map)'입니다. 1824년부터 이탈리아 토리노의 이집트 박물관이 소장하면서 그렇게 이름이 붙여졌는데요, 기원전 1150년경에 제작된 것으로 보입니다.

사실 이 지도는 이집트 전체가 아닌 특정 지역만 보여줍니다. 사막에 모래만 있을 것 같지만 사실 모래로만 이뤄진 사막은 많지 않죠. 특히 이집트의 사막, 그중에서도 동부 지역의 사막에는 험준한 산들이 있어요. 바로 그 지형을 토리노 파피루스 지도에 표시해 놓은 겁니다.

이 지도는 이집트가 광물을 채집하고자 파견한 원정대의 성공적인 루트 확보를 위해 제작되었을 것으로 보입니다. 게다가 이 지도가 정말 놀라운 점은 너비가 2.8m에 높이가 40cm 정도 되는 파피루스에 암석들을 색깔별로 모두 다르게 표시해 놨어요. 컬러 지도인 겁니다. 굉장한 크기에 굉장히 많은 정보를 담고 있죠.

그리고 여전히 논란이 계속되고 있는 부분인데요, 지도에 남겨진 흔적을 봤을 때 지도가 체계적으로 접혔을 가능성이 있습니다. 그래서 '최초의 종이접기 산물'이라고 주장하는 연구자들도 있고요. 지도가 무지 크지만 이동을 해야 하니 항상 잘 휴대하고 있어야 하지 않겠습니까. 그러니 평소에 휴대도 간편하고 유사시 쉽게 펼 수 있게 접혀 있었다는 거죠.

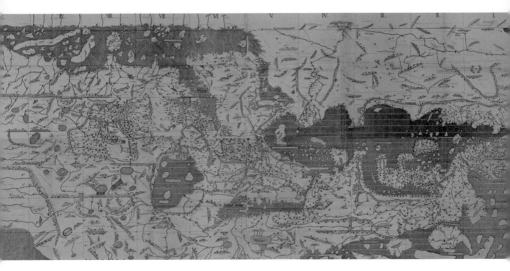

무함마드 알 이드리시의 세계 지도.

허준　　　 그러면 중국이나 러시아 역사에도 김정호 같은 분
이 있나요?

강인욱　　　 중국의 경우 기원전 4세기 정도인 것 같습니다. 그
때가 바로 만리장성을 세우던 때거든요. 그때부터 영토를 영역화했
죠. 그전까진 성과 성 사이의 땅은 굳이 차지할 필요가 없다고 봤습
니다. 그 지역을 다스리는 성을 복속시키면 그 땅에서 나오는 소출
을 모아 세금으로 줄 테니 전체 땅은 필요가 없었습니다. 사정이 이
러하니 지도는 면적이 아니라 점과 점을 이어주는 선에서 시작되었
고요. 오해를 하면 안 되는 게, 지도를 처음 만들었을 때는 전체 땅을

그린 게 아니었습니다. 어느 지역을 가는 주요 경로와 지형지물을 표시하는 일종의 약도(略圖) 같은 것이었죠.

허준　　　　이슬람 역사를 보면 별자리, 지리 등이 엄청나게 발전했지 않습니까? 지도술도 발전했을까요?

박현도　　　　이슬람 지도술, 당연히 발전했습니다. 무함마드 알이드리시(Muhammad al-Idrisi)라고, 오늘날 스페인의 해외 영토인 세우타 출신으로 세계적으로 유명한 지도학자이자 지리학자가 있습니다. 1100년대 사람이고요. 여기저기 돌아다니면서 지도를 만든 게 아니라 기존의 지리 정보를 수집하고 연구해 지도를 만들었죠. 전 세계가 다 나오는데 신라가 그려져 있어 한국이 그려진 가장 오래된 세계 지도로도 주목을 받았습니다.

고대 이집트의 피라미드는 정말 무덤일까

허준　　　　피라미드가 정말 파라오의 무덤인가요? 파라오의 무덤이라는 결정적인 증거가 있을까요? 그냥 건축물에 불과하다는 말도 있고요.

곽민수　　　　이집트에서 확인된 모든 피라미드에 구체적인 매장의 흔적은 확인되지 않았어요. 정황상 무덤일 가능성은 매우 높습니다. 하지만 100% 무덤이라고 확신할 수는 없고요. 모든 학술적 담론은 반증의 가능성에 대해 전제를 합니다. 피라미드 내부에 매장이 실제로 이뤄지지 않을 가능성이 완전히 없다고는 할 수 없지만, 엄청나게 오랜 시간 동안 도굴이 계속되었기 때문에 아무런 흔적이 남아 있지 않을 가능성도 있죠.

피라미드는 고대 이집트 왕묘 형식 중의 하나입니다. 즉 이집트 역사상 지어진 모든 왕묘가 피라미드 형식으로 만들어진 건 아니죠. 피라미드는 특정 시기 동안 사용된 왕묘의 형식입니다.

특정 시기를 구체적으로 말씀드리자면 주로 고왕국 시대예요. 이를테면 잘 알려진 투탕카멘의 경우 신왕국 시대의 파라오이기 때문에 그의 무덤은 피라미드 형태가 아니었습니다. 암굴묘(rock-cut tomb)라고 부를 수 있는 전혀 다른 형태의 무덤이죠.

매장의 물리적 흔적이 확인되지 않을 뿐 피라미드를 무덤이라고 판단할 수 있는 간접적인 근거들은 상당히 많습니다. 그렇기에 피라미드를 파라오의 무덤이라고 추정해도 크게 문제가 되진 않아요. 그것이 현재로선 가장 합리적인 추론이라고 말씀드릴 수 있습니다.

고대에는 군대를 어떻게 통솔했을까

허준　　　　지난 2017년에 미국 온라인 커뮤니티에서 '미 해병대가 고대 로마 제국 전체를 무너뜨릴 수 있을까?'라는 글이 올라와 화제를 뿌린 적이 있습니다. 이 논쟁을 프리랜서 작가이자 밀리터리 역사학자 제임스 어윈(James Erwin)이 소설 『로마 스윗 로마(Rome Sweet Rome)』로 만들었고 워너브라더스가 동명의 영화로 만들기도 했죠. 미국 정예 해병대 2,200명과 로마 군단 33만 명이 싸우면 어떨 것인가 하는 거였습니다. 미 해병대가 압도적으로 이길 거라는 쪽으로 의견이 모였습니다. 굉장히 흥미로운 가상 질문이었어요. 역사학자의 입장에서 보면 어떤가요?

곽민수　　　　말씀하신 내용을 제대로 들여다보기 위해선 로마를 전공하신 선생님이 계셔야 합니다. 군제사를 전공한 학자도 계셔야 할 테고요. 하여 매우 조심스럽습니다만 제 상식선에서 말씀드려 봅니다.

로마인의 정신력이 잘 드러난 사례로 기원전 3세기의 제2차 포에니 전쟁(Second Punic War)을 들 수 있습니다. 카르타고의 한니발 바르카(Hannibal Barca)가 이탈리아 반도로 쳐들어가 오랜 기간 온 도시를 공격하며 돌아다녔죠. 그럼에도 불구하고 로마는 항복하지 않고 버텼고 결국 한니발을 쫓아냈습니다. 그런 사례를 비춰볼 때, 미 해병대가 많은 '전투'에서 승리했을 수는 있겠지만 '전쟁'에서 승리해 로마를 정복할 수 있었겠냐 하면 분명하지 않다고 생각합니다.

고대 이집트의 경우 신왕국 시대에 들어서면 상당히 체계적인 군 편제가 만들어집니다. 람세스 2세가 통치하던 때 당시 이집트 신왕국의 가장 큰 라이벌인 히타이트와 대규모 전투를 벌입니다. 그 유명한 카데시 전투죠. 이집트가 2만여 명, 히타이트가 4만여 명의 군대를 동원합니다. 당시 이집트 인구를 200만여 명으로 추정하니 비율적인 측면에서 절대 작은 규모가 아니었죠. 더군다나 기원전 1274년이라고 하면 한반도의 경우 신석기 시대에서 청동기 시대로 넘어가는 시점이었으니 2만 명, 4만 명 병력도 굉장했다고 할 수 있죠.

이집트는 2만 명 병력을 네 개의 사단으로 구분했어요. 각각 이집트 신들의 이름을 붙였죠. 라(Ra), 프타(Ptah), 아멘(Amen), 세트(Set). 사단장도 존재했고요. 나아가 지금처럼 사단을 여러 개의 중대로 구분했습니다. 즉 신왕국 시대 이집트군은 상당히 체계적인 편제를 갖추고 있었거니와 편제를 효율적으로 운영할 수 있는 시스템도 분명히 갖추고 있었다고 추정할 수 있겠습니다.

허준　　　　군 편제에 관련해 궁금한 점이 있습니다. 수천 년 전 당시에는 군대를 어떻게 통제했을까요? 이를테면 병력을 파악하고자 할 때 '뒤로 번호' 하면 끝까지 가는 데만 몇 시간은 걸릴 것 같은데 말이죠.

곽민수　　　　군기를 사용해 시각적으로 신호를 보내는 방법을 사용했습니다. 소리 신호도 사용했을 테고요. 중세나 고대 전쟁영화를 보면 뿔나팔을 불지 않습니까? 그게 대표적인 시그널이에요. 즉 그들만이 공유하는 약속이 정해져 있는 거죠.

그러니 장교들은 특히 평소에 훈련이 잘되어 있어야 합니다. 부대 내에서 통용되는 시그널들을 정확하게 이해하고 있어야 다수의 병력 사이에서 제대로 된 커뮤니케이션을 할 수 있으니까요.

허준　　　　페르시아의 경우도 군대가 강성했을 땐 가히 어마
어마했지 않습니까? 이집트 신왕국의 람세스 3세처럼 당시 기준으
로 최대치의 병력을 가용할 수 있을 정도로 말이죠.

박현도　　　　페르시아는 그리스와 두 번의 전쟁을 치릅니다. 기
원전 492년부터 기원전 490년까지 제1차 그리스-페르시아 전쟁(제1
차 페르시아 침공)이 있었고 기원전 480년부터 기원전 479년까지 제2
차 그리스-페르시아 전쟁(제2차 페르시아 침공)이 있었습니다.
제1차 그리스-페르시아 전쟁 당시 마라톤 전투(Battle of Marathon)에
서 그리스가 승리하고 제2차 그리스-페르시아 전쟁 당시 살라미스
해전(Battle of Salamis)에서도 그리스가 승리했지만 테르모필레 전투
(Battle of Thermopylae)에선 페르시아가 승리했죠. 이후 아르테미시온
해전(Battle of Artemisium)에선 호각세를 보였고요. 결국 페르시아는
그리스를 지배하지 못했습니다. 그럼에도 페르시아 역사는 다름 아
닌 그리스인이 썼어요.
한편 영화 〈300〉을 보면 그리스 스파르타 군인들을 사상 최강인 것
처럼 보여주고 페르시아 군인들을 반 인간이자 반 악마처럼 그리는
데, 완전히 잘못된 겁니다. 결정적으로 300명일 수가 없어요. 최소
1,200명입니다. 스파르타는 군인 한 명당 세 명의 노예가 있었어요.
군인이 300명이니 900명의 노예가 있었던 거죠. 노예의 역할은 군
인과 함께 싸우는 것이었습니다. 반면 페르시아는 노예가 없었고요.

위. 살라미스 해전.
아래. 테르모필레 전투.

◈ 화려했던 페르시아는 왜 그렇게 잊혔을까 ◈

허준　　　　박현도 교수님께서 일전에 '예니체리'가 중동 역사에서 가장 강력한 군대였다고 말씀하셨는데 페르시아군도 최강으로 알려져 있지 않나요?

곽민수　　　　고대 페르시아군도 강력했습니다. 그들에게 이집트가 두 번이나 정복을 당했죠. 이집트 역사 속에 등장하는 제27왕조와 제31왕조가 페르시아의 아케메네스 왕조에 의해 세워진 왕조입니다. 고대 이집트 문명의 토착 세력을 끝장낸 게 바로 페르시아였고 페르시아가 잠깐 이집트를 통치하다가 알렉산드로스 대왕이 들어와 이집트 내 페르시아 세력을 쫓아냈죠. 즉 페르시아조차 알렉산드로스 대왕에게 대패하지만 그 이전까지 근동 전체에서 가장 강력한 군대는 바로 페르시아군이었던 겁니다.

허준 그런데 왜 페르시아 문화는 소실되어버린 걸까요, 왜 사람들 기억 속에서 사라진 걸까요. 말씀하신 알렉산드로스 대왕의 헬레니즘이라든지 칭기즈 칸(Genghis Khan)의 유산이라든지 로마의 기억 등은 유럽뿐만 아니라 전 세계 역사에 깊고 크게 박혀 있지 않습니까. 그에 반해 페르시아는 그 강성하고 융성했던 힘과 문화에 비해 기억에 남아 있는 게 별로 없는 것 같습니다.

박현도 들여다보면 곳곳에 흔적이 남아 있긴 합니다. 페르시아어로 남아 있기도 하고요. 이를테면 파라다이스(Paradise), 페르시아어입니다. '담이 있는 정원'을 뜻하죠. 또 나라를 쪼개 통치하는 것도 페르시아가 역사상 가장 먼저 했습니다. 파발제(擺撥制, 공문을 신속하게 전달하고자 설치한 역참 제도)나 역마제(驛馬制, 중앙과 지방 간에 신속한 연락을 위해 설치한 교통통신 수단)도 페르시아가 시작했고요. '왕의 길'도 페르시아가 시작했습니다. 왕의 길을 따라 파발이 오갔죠.

곽민수　　　저의 경우 페르시아를 무시무시한 제국으로 인식하고 있습니다. 단순히 '악의 제국' 같은 이미지가 아니라 문화적으로도 엄청나게 융성했던 나라로 말이죠. 제가 이집트학을 공부해서인지는 모르겠지만 페르시아가 아니라 알렉산드로스 대왕이 오히려 적군인 것처럼 느껴집니다.

박현도　　　페르시아는 전형적인 제국이었습니다. 제국은 핍박하지 않아요. 흔히 제국이라고 하면 수탈하고 또 못살게 굴면서 권력을 부린다고 생각하지 않습니까. 그런데 페르시아 제국의 경우 분할 통치를 하면서 각 지역에 나름의 자유를 줬고 조공 받는 통치자, 즉 총독만 지명했어요. 총독들을 통해 어마어마한 제국을 다스렸던 거죠. 그런데 그리스와 사이가 좋지 않았습니다. 하필 주민들이 선호하지 않는 독재적인 총독을 지명했거든요. 결국 일련의 사건으로 그리스-페르시아 전쟁까지 발발하고 말았죠.

페르시아 제국은 기본적으로 조로아스터교를 믿었기에 키루스 2세도 그렇고 다리우스 1세도 그렇고 거짓말을 굉장히 싫어했습니다. 왕의 거짓말, 악의적인 군대 같은 것들을 갖지 않게 해달라고 하느님께 기도했을 정도니까요. 그런 이들이 통치했기 때문에 페르시아군이 많지 않았음에도 적지 않은 영향력을 끼칠 수 있었던 건 그 권위를 다 받아들였기 때문이죠.

그리스인들은 페르시아 황제의 교육을 존경했습니다. 입이 마르도

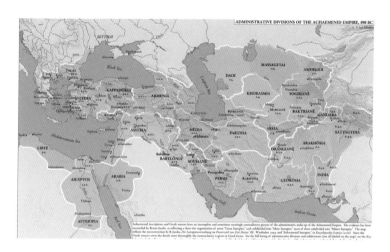

기원전 490년경 페르시아 제국의 분할 통치도.

록 칭찬했죠. 이를테면 왕세자에게 스승을 붙이는데 스승이 너무 혹독하게 교육을 시키는 겁니다. 왕세자가 나중에 왕위에 오른 뒤 스승한테 "왕세자 때 스승께서 왜 그리 혹독하게 교육을 시켰는지 알지 못하겠습니다. 너무 억울합니다."라고 말해요. 그런데 스승의 말이 걸작입니다. "폐하께서 나중에 황제가 되셨을 때 억울하게 끌려온 주민이 있을 것입니다. 그 마음을 헤아리게 하고자 그렇게 혹독하게 교육을 시켰습니다."라고요.

곽민수　　　페르시아 제국이 매우 이상적인 제국의 모습을 보여줬던 건 사실입니다. 그럼에도 불구하고 이집트는 페르시아한테 정복당한 후에도 계속해서 반란을 일으켜 독립을 도모해요. 실제로

4장. 당신이 몰랐던 역사 속 이모저모

223

도 한 번은 독립을 쟁취해 페르시아 왕조인 제27왕조 이후 토착 왕조인 제28왕조, 제29왕조, 제30왕조가 몇십 년간 이집트를 통치했습니다. 그런데 페르시아가 다시 한번 이집트로 쳐들어오죠. 그 결과 이집트 토착 세력에 의한 이집트 통치는 완전히 끝나고 맙니다. 이어 알렉산드로스 대왕이 쳐들어와 페르시아 세력을 몰아냈고 이후 이집트에 그리스 계통의 왕조가 들어섭니다.

박현도 ───── 페르시아 문화 중 가장 아쉬운 건 쐐기문자입니다. 저도 배웠는데요, 고대의 다른 쐐기문자보다는 읽기가 훨씬 편하지만 지금의 알파벳보다 쓰고 읽기에는 불편해 힘들었어요. 이처럼 페르시아 제국은 굉장히 좋은 문화를 갖고 있었지만 결국 실패하고 말았죠. 결정적으로 알렉산드로스 대왕에게 패배하는 바람에요. 이후 페르시아 지역에는 알렉산드로스 대왕의 그리스 문화가 들어왔지만 그래도 페르시아 문화가 살아 숨 쉬었고 근대까지 이어졌습니다.

곽민수 ───── 알렉산드로스 대왕이 이룩한 헬레니즘 문화가 광범위하게 퍼져나갈 수 있었던 이유 중 하나가 바로 페르시아 제국이 굉장히 잘 갖춰놓았던 전방위적 네트워크 덕분이라고 말할 수 있을 것 같습니다. 헬레니즘이 고대 그리스의 학문과 문화들로 하여금 훗날 서양 문명의 모태이자 뿌리가 되게 했으니 페르시아의 유산이 지금까지 이어져 내려오고 있다고 해도 틀린 말은 아닐 것 같습니다.

중동 사람들은 전부 다 무슬림일까

허준　　　　중동 하면 이슬람, 이슬람 하면 중동이 떠오를 정도로 우리는 중동 지역에 대해 잘 모르는 것 같습니다. 중동 지역에는 무슬림만 존재하나요?

박현도　　　　반드시 그렇진 않습니다. 많은 분이 오해하고 있으신 것 중에 하나가 중동에는 무슬림만 있다고 생각하는 거예요. 기독교인도 많습니다. 일반적으로 생각하는 것보다 훨씬 많을 거예요.

곽민수　　　이집트를 보면요, 현대 이집트가 중동에 포함되느냐 포함되지 않느냐는 카테고리화하기 나름이지만 중동에 포함된다는 전제하에 말씀드리자면 인구의 절대 다수가 무슬림이긴 합니다. 공식적으로는 전체 인구의 약 90%가 무슬림이고 약 10%가 기독교인이에요. 비공식적으로는 기독교 인구가 15~20%라는 통계도 있고요.

이집트에 가보면 생각보다 훨씬 더 자주 기독교인들을 만날 수 있습니다. 그들은 돼지고기도 먹고 술도 마시죠. 현재 이집트 인구가 1억 1천만 명 정도인데 그중 기독교인이 1천만 명, 많게는 1,500만 명 정도라는 얘기지 않습니까. 상당한 숫자죠.

이집트는 정권 자체가 세속주의이기 때문에 사실 종교의 자유가 있습니다. 이를테면 이집트의 재벌 중에 기독교인들이 많고요, 부자와 엘리트 계층도 그렇죠. 그리고 기독교인들의 교육 수준이 대체로 무슬림들에 비해 높습니다. 그러니 이집트 정권 차원에서도 기독교를 무시할 수 없어요.

중동 여성들은 왜 히잡을 쓰고 다닐까

허준 히잡(hijab)이 이슬람의 정통 문화가 아니라는 말을 들었습니다. 그런가 하면 지금 이란 여성들이 주장하고 있는 게 '히잡을 강요하지 말라'가 아니라 '히잡을 쓰든 말든 내 자유다, 그 자유를 달라'라고 합니다. 그렇다면 중동 여성들은 왜 히잡을 쓰고 다니나요?

박현도　　　이슬람교가 탄생하기 전부터 지체 높은 여인들이

썼던 게 히잡입니다. 그리스 문화권에서도 그랬고요. 다만 이란에선

여성이 히잡을 안 쓰면 안 됩니다. 그게 그 나라의 법이에요.

그렇다면 이슬람이 여성을 억압한다는 음모론이 존재할까요? 그건

보는 관점에 따라, 어떤 측면에서 보느냐에 따라 다릅니다. 그쪽에

서 보면 억압하는 게 아니라고 생각하겠지만 밖에서 보면 억압한다

고 생각할 겁니다.

제가 이 말씀은 드릴 수 있습니다. 무슬림이면서도 페미니스트인 여

성들이 있습니다. 그들이 주장하는 게 히잡은 이슬람 본연의 가르침

이 아니다, 『쿠란』 어디에 여성이 머리를 가려야 한다는 말이 있느

냐 하는 것이죠.

사실 『쿠란』에 그런 가르침이나 말은 없습니다. 정숙하게 몸을 가리

고 다니라는 말은 있지만 정확하게 '머리를 가려라'라는 말은 없어

요. 그래서 그건 후대 남성들이 인위적으로 해석해 주장한 것이니

우리 여성이 따라야 할 이유는 없다는 거죠. 몇몇 저명한 학자들도

"여성들이 얼굴 가리는 거 잘못된 거다. 『쿠란』에 쓰여 있지도 않은

걸 왜 하느냐."면서 강력하게 항의하곤 합니다.

예를 들면 한국 천주교에선 미사포를 쓰는 여성들이 있습니다. 다른

나라 천주교와 다른 점이죠. 요새는 그런 경우가 드물지만 옛날 신

부님 중에선 미사포를 쓰지 않은 여성 신도들을 보면 화내면서 쓰라

고 하는 경우가 있었습니다. 그런데 정작 성경을 보면 여자들로 하

『쿠란』에 "여성이 얼굴을 가려야 한다"는
말은 쓰여 있지 않다.

여금 몸을 가리게 하는 건 차별적인 행위예요. 외국에선 미사포를
잘 안 쓰죠.

저는 한국 천주교에서 여성이 미사포를 쓰는 걸 차별이라고 봅니다.
그런데 정작 쓰는 사람들이 차별을 느끼지 못한다면, 그게 왜 차별
이냐고 말하는 사람들도 있을 거예요. 그러니 무슬림 여성들이 "히
잡을 자유롭게 쓰지 못하게 하느냐."라고 말할 수도 있는 겁니다.

제 입장에선 히잡이나 미사포나 똑같은데 말이죠. 신앙 밖의 사람과
신앙 안에 있는 사람의 차이일 것 같습니다. 쓰든 말든 내 자유다, 그
자유를 보장해달라는 말이죠.

무슬림은 왜 돼지고기를 안 먹을까

허준　　　　중동 사람, 그러니까 무슬림은 돼지고기를 먹지 않잖아요? 반면 힌두교도는 소고기를 먹지 않고요. 중동 사람은 왜 돼지고기를 먹지 않는 거죠? 또는 먹을 수 없는 거죠? 따로 이유가 있을까요?

박현도　　　　들여다보면 무슬림만 돼지고기를 안 먹는 게 아니라 유대인도 먹지 않습니다. 사실 굉장히 오래된 연구 주제인데, 제대로 된 답은 없어요. 다만 학자들이 각자 내놓은 의견이 있죠.

첫 번째 의견은 '기후 문제'입니다. 습한 곳에선 돼지 뼈가 발견되었는데 습하지 않은 곳에선 돼지 뼈가 발견되지 않았어요. 습하지 않은 곳에는 돼지가 없다는 말과 같죠. 그래서 황제의 밥상에는 돼지고기가 올라갔어요. 페르시아 황제 밥상에는 말이죠.

곽민수 　　　또 하나의 의견이 있습니다. 돼지는 가용성이 떨어지는 육류를 제공해요. 일단 돼지는 염소나 양처럼 끌고 다니질 못해요. 그리고 돼지는 인간과 먹는 걸 경쟁하죠. 인간과 비슷한 걸 먹는다는 겁니다. 염소나 양들은 풀을 먹고요. 그러니 굳이 가용성이 떨어지는 돼지를 선호하지 않았다는 거죠.

나라별 언어에 얽힌 재밌는 이야기들

허준　　　　농담 삼아 하는 말 중에 '영국 가서 음식 먹는 거 아니고 프랑스 가서 기계 사는 거 아니다'라는 말이 있지 않습니까. 실제로 통용되는 말인가요?

곽민수　　　　제가 직접 경험했는데요. 영국에서 학교 다닐 때 기숙사 룸메이트 중에 프랑스 친구가 있었어요. 그 친구가 항상 자랑스럽게 말하길 "나는 영국에 와서 영국 음식을 한 번도 먹은 적이 없어"라고 했어요. 그러면서 직접 밥을 해 먹더라고요. 외식도 절대 하지 않고 패스트푸드점도 가지 않고요. 프랑스인으로서 자부심을 드러내면서 말이죠.

이를테면 이런 식입니다. 스파게티면을 사 와서 물에 끓여 익힌 다음 소금을 뿌려 먹어요. 프랑스제 소금으로요. 그러면서 영국 음식이 이 소금만도 못하다고 말하죠.

박현도 　　저는 '중동에 와서 길을 묻지 마라'라는 말을 더하고 싶어요. 너무 친절해서, 몰라도 아는 체해서 다시 제자리로 돌아옵니다.

곽민수 　　박현도 교수님 말씀에 진짜 공감하는 게 중동에 가서 길을 묻는 건 둘째치고 길거리에서 지도도 보면 안 됩니다. 지도를 보는 순간 족히 열 명은 다가와서 길을 가르쳐주겠다고 해요. 말이 안 통하면 친척한테 전화를 걸어서라도 말이 통하는 사람과 연결해줍니다. 그런데 정작 그곳에 가보면 완전히 다른 장소예요. 옛날 옛적 모세(Moses)가 광야에서 40년을 헤맨 이유가 이와 같지 않나 생각해 봅니다.

박현도 　　저는 캐나다 몬트리올에서 공부했는데 지금도 잊히지 않는 장면이 있어요. 같이 공부한 친구 중에 비르지니(Virginie)

라고 하는 프랑스인이 있었어요. 그런데 불어를 하지 않아요. 영어로만 말하더라고요. 왜 불어를 하지 않냐고 물어보니까 황당한 답을 내놓더군요. 자기는 아름다운 모국어가 망가지는 걸 참을 수 없대요. 그래서 퀘백 불어가 듣기도 거북하다는 겁니다.

곽민수　　　　영국에는 표준 영어가 없어요. 가장 유명한 영어가 포쉬 잉글리시(Posh English)라고, 상류층과 교육받은 계층에서 사용하는 영어를 표준인 것처럼 인식하는 경우가 많은데 실생활에서 사용하면 다 비웃을 거예요. 그래서 만들어진 개념이 '링구아 프랑카(Lingua franca)'라고 하는 월드 잉글리시입니다.

영국에서 모국어를 쓰는 영국인들은 영어가 세계어라고 하는 자부심을 갖고 있어요. 그래서 다른 모든 악센트도 영어의 일부로 포함시키려고 노력합니다.

이를테면 영국에서 만든 국제공인시험 IELTS(International English Language Testing System)를 보면 호주, 나이지리아, 가나 등 모든 발음이 나옵니다. 모든 발음을 다 듣고 이해할 수 있어야 세계어로서의 영어를 사용할 수 있다는 거죠.

강인욱　　　　러시아가 잘한 것 중 하나가 사투리에 관한 것입니다. 구소련의 모든 국가에 사투리가 없죠. 근대 들어 교육을 잘 시킨 겁니다.

에벤키의 깃발.

예전에 시베리아 북쪽에 사는 에벤키(시베리아 원주민)를 찾아간 적이 있습니다. 비행기를 두 번 갈아타고 무전까지 쳐서 그들의 위치를 알아낸 후(순록을 치기 때문에 끊임없이 이동합니다) 헬리콥터를 타고 갈 정도로 오지였죠. 그런데 순록을 타고 우리를 맞이한 부족장은 물론 부족의 일원 모두가 모스크바 방송에서 나올법한 깔끔한 러시아어로 인사를 해서 깜짝 놀란 기억이 납니다. 유목민이라고 해도 의무교육을 제대로 받아야 했던 소련의 제도 덕분이죠.

한국에도 비슷한 사례가 있습니다. 구한말(舊韓末)의 언어가 그대로 남아 있는 곳이 있어요. 바로 중앙아시아 고려인입니다. 주로 구한말에 함경북도에서 갔는데 그분들 말 들어보면 전혀 알아들을 수 없어요. 150년 전 함경도 사투리가 고립화되기도 했고 또 상당수의 단어가 러시아화되었기 때문인데요, 이런 식이에요, "내래(내가) 어제 쩬뜨르(센터)에 갔소." 하고 말이죠.

나라별 생각지도 못한 보물의 진면목

허준　　　　영원히 변하지 않고 가치를 잃지 않는 보물을 황금이라고 했을 때, 지역에 따라 가치가 천차만별 변하는 보물이 있을까요?

강인욱　　　　유라시아에서만 구할 수 있는 보물이 있습니다. 가히 세상을 바꾼 보물이라고 할 만하죠. 유라시아에서 꼭 필요한 짐승의 가죽, 그중에서도 가장 귀한 '모피'입니다. 기원전 7세기쯤 고

조선에서 모피코트, 정확히 호랑이 모피코트가 특산물로 유명했습니다. 중국에선 그걸 수입해야만 천자 혹은 제후가 될 수 있을 정도였고요.

모피 동물들은 사람들과 아주 멀리 떨어진 산속에 살죠. 그래서 소수의 사냥꾼만 잡을 수 있었어요. 다만 그곳에선 수요가 없어서 쓸모가 없습니다. 멀리 도시로 갖고 나와야지 값이 나가죠. 그것도 황금을 능가할 정도로요.

곽민수 고대 이집트에선 황금보다 훨씬 비싸게 취급했던 금속이 있어요. 바로 '은'입니다. 전통적으로 은이 금보다 비쌌죠. 그만큼 이집트에서 금이 흔했었다는 이야기입니다. 그런가 하면 제대로 된 대규모 은광이 발견된 사례는 없습니다. 그런 만큼 은의 경우 대부분을 해외에서 수입해야 했죠. 고대 이집트 역사에서 신왕국 시대를 지나 제21왕조, 제22왕조가 들어서면 파라오의 시신이 들어가는 관을 은으로 만들어요. 금보다 비싼 최고의 금속인 은으로 왕의 관을 만든 거죠.

박현도 중동의 경우 다른 어딘가에선 별로 중요하지 않게 생각할 수 있는 게 가장 중요한 물자예요. 바로 '물'입니다. 심지어 석유보다 물값이 더 비싸니까요. 석유야말로 전 세계 어디에서나 가장 귀하게 여기지 않습니까? 그런 석유보다 물이 더 비싸다니 중동에서 물이 얼마나 중요한지는 더 말할 필요도 없겠습니다. 물을 만들기 위해 담수까지 하죠.

그리고 석유의 나라 사우디아라비아가 수입하는 게 세 가지 있는데 상당히 의외라고 생각할 겁니다.

첫 번째가 '모래'입니다. 사우디아라비아 사막에 모래가 부지기수일 텐데 사막 모래는 건축에 쓸 수 없죠. 두 번째가 '석유'입니다. 러시아가 정제된 석유를 만들면 저렴한 가격에 재빠르게 사옵니다. 석유를 정제하려면 돈이 드는데 러시아가 싸게 정제하고요, 반면 사우디아라비아는 정제하지 않은 석유를 비싸게 팔아 이득을 남깁니다. 세 번째가 '낙타'입니다. 모래나 석유도 의외지만 낙타도 의외죠. 그런데 교통수단으로서가 아니라 식용으로 수입하는 겁니다. 주로 오스트레일리아(호주)에서 키우는 낙타를 사들입니다.

Question 1

고고학자 하면 자연스레 영화 <인디아나 존스>의 '인디아나 존스'가
떠오르는데요. 역사상 가장 유명한 고고학자 한 명 소개해주세요.

강인욱　　　한 명만 소개하기가 무척 어렵네요. 그래도 유명한
고고학자 하면 하인리히 슐리만(Heinrich Schliemann)이 있겠습니다.
트로이 발굴로 신화로만 알려졌던 시대를 증명하고 고고학 발굴로
세계적인 명성을 얻을 수 있다는 걸 증명한 사람이죠.

저도 어려서부터 슐리만의 이야기를 들으며 자랐고 지금도 많은 분
들이 기억하실 겁니다. 하지만 고고학자의 입장에서 본다면 슐리만
은 장점보다 단점이 더 많죠.

공명심이 너무 앞서는 바람에 발굴할 때 실수도 많았고 유물을 불법
으로 빼돌려 본국으로 가져오기도 했습니다. 좋지 못한 케이스를 많

이 남겼어요. 그럼에도 고고학이 전 세계적으로 널리 퍼지는 계기를 마련한 고고학자임에 분명합니다.

고고학자는 아니어도 많은 정치가들이 고고학을 전공했습니다. 영국의 현 국왕이자 윈저 왕조(House of Windsor) 제5대 국왕인 찰스 3세(Charles III)도 대학에서 고고학을 수강했고(후에 사학과로 전과함) 스웨덴 베르나도테 왕조(house of Bernadotte) 제6대 국왕이었던 구스타프 6세 아돌프(Gustaf VI Adolf)는 그 자신이 유명한 고고학자였습니다. 일제강점기 시절 경주에서 신라의 무덤을 발굴하기도 했죠.

대한민국 제4대 대통령 윤보선도 에딘버러대학에서 고고학을 전공했습니다. 고고학을 전공하진 않았지만 중화인민공화국 제7대 주석 시진핑(習近平)이나 러시아 연방 제3, 4, 6, 7, 8대 대통령 블라디미르 푸틴(Vladimir Putin)도 고고학에 관심이 많아 발굴장도 자주 찾아가곤 하죠.

고고학은 당연히 역사학의 한 분야일 텐데요. 과학 지식이 없으면 절대 불가능할 것 같습니다. 고고학자는 스스로를 인문학자라고 생각하나요? 과학자라고 생각하나요?

강인욱　　　저는 '인문학자'와 '과학자'가 상반된다고 보지 않습니다. 과거에 둘은 함께 공부했었죠. '문리과대학'이라는 이름으로 물리학, 수학이 사학이나 철학과 함께 공부하곤 했습니다. 물론 과학이 세분되면서 지금은 각자의 전문 분야가 뚜렷하지만 세상의 진리를 논리적으로 찾아간다는 점은 결국 함께 고민해야 합니다.

인문학 중에서도 과학에 가장 가까운 분야가 바로 고고학입니다. 땅을 파고 유물을 분석하는 데 가장 필요한 게 첨단과학이기 때문입니다. 방사성탄소연대, 통계학, 물리학, 화학 등이 고고학에서 널리 쓰이고요, 최근에는 드론 기술, 구글맵, 메타버스에 AI까지 첨단 기술이 고고학에 빠르게 적용되고 있습니다.

저는 인문학의 머리로 생각하고 과학자의 손발을 쓰는 학문이 고고학이라고 생각합니다. 인간의 다양한 모습을 발굴하고 찾지만 그걸 해석하기 위해 다양한 첨단 학문이 필요한 것입니다.

최초의 역사,
의외의 역사

피라미드를 가장 먼저 지은 건 고대 이집트인가

허준   흔히 피라미드 하면 '이집트의 피라미드'가 떠오릅니다. 그렇다면 피라미드를 가장 먼저 지은 건 이집트가 맞나요?

곽민수   인간이 뭔가를 높게 쌓고자 할 때 철골 구조가 나오기 전, 유럽에선 고딕 구조가 나오기 전에는 피라미드 형태밖에 없었습니다. 공학적으로 가장 합리적인 구조거든요. 널리 알려져 있는 피라미드들 중 가장 이른 시기의 피라미드가 이집트에서 만든 건 맞습니다. 그런데 그전에도, 다른 어딘가에서 비록 규모는 작더라도 피라미드 형태의 구조물이 만들어졌을 거라고 생각합니다. 그러니 이집트에서 피라미드를 가장 빨리 만들었다고 보지 않거니와 유일하다고 생각하지도 않습니다.

역사학이라는 게 그렇습니다. 단정적으로 말할 수 없죠. 중국에서도 '동방의 피라미드'라고 불리는 서하왕릉(西夏王陵)의 경우 피라미드 형태로 만들었고, 한반도에서도 삼국시대 동안에 만들어지는 백제, 고구려의 적석총(積石塚)도 피라미드 형태라고 할 수 있습니다.

그것들도 피라미드입니다. 피라미드로 분류되죠. 이집트의 피라미드처럼 무덤이고요. 그러니 이집트에서만 무덤을 피라미드 형태로 만들었다고 말하기가 매우 어렵습니다.

물론 이집트의 피라미드와 자주 비교되는 마야나 메소포타미아의 지구라트(ziggurat, 메소포타미아나 엘람의 주신에 바쳐진 성탑)는 애초에 신전으로 만들었고 이집트의 피라미드는 무덤이 주된 용도였죠. 와중에 지금도 새로운 피라미드는 계속해서 발견되고 있습니다. 제 생각에는 지금까지 발굴되어 확인된 고대 이집트의 유적들이 이집트 전체 유적의 10%도 안 될 것 같아요.

상부 구조가 잘 보존되어 있는 피라미드들은 굉장히 오랫동안 조사를 계속해 왔죠. 반면 하부 구조만 남아 있다든지 상부 구조의 일부만 남아 있는 경우에는 땅속에 묻혀 있으면 확인이 잘 되지 않아요. 그래서 확인이 잘 되지 않는 땅속 피라미드를 보려고 다양한 방법을 고안해냈는데, 최근 들어 주로 사용하는 방법은 과거 냉전 시대 때 사용했던 첩보 위성이에요. 고고학자들이 첩보 위성을 빌려 그 주위의 땅을 한 번 훑어요. 그러면 땅속의 여러 구조물이 보입니다. 그렇게 발견된 피라미드도 많죠.

한편 '피라미드'라는 표현은 고대 그리스어에서 유래한 것입니다. 고대 그리스에서 피라미드 형태의 빵, 즉 삼각형 모양의 과자를 '피라미스(pyramis)'라고 불렀고 이어져 내려와 피라미드가 되었다는 게 정설인데, 확실하진 않습니다. 확실한 건 피라미드라는 단어 자체를 고대 이집트에서 사용하지 않았다는 거예요. 고대 이집트인은 피라미드를 '메르(mer)'라고 불렀죠.

리카르도 리버라토(Ricardo Liberato), 〈All Gizah Pyramids〉, 2006.

고대 이집트가 모든 것의 시작은 아니다

허준　　　　이집트에 가면 모든 것의 기원을 알 수 있지 않나
요? 몇백 년, 천 몇백 년이 아니라 3천 년, 6천 년을 언급하니까요.
가장 오래된 건 죄다 이집트에 있는 것 같아요. 어떻게 생각하세요?

곽민수　　　　모든 상황이나 현상의 기원을 이집트라고 말하는
건 다소 무리가 있는 것 같습니다. 개별적인 지역에서 나름의 방식
을 거쳐 만들어졌을 테니까요.

다만 이집트에서 가장 먼저 시작한 것처럼 보이는 이유는 이집트가 가장 이른 시기에 탄생한 인류 문명이기 때문입니다. 또 이집트가 동시대 다른 문명들과 차별되는 지점이 있습니다. 문헌 자료가 굉장히 많이 남아 있는 편이고 기후 조건 덕분에 고고학적 자료들도 잘 보존되어 있죠. 덕분에 오늘날에도 고대 이집트로 할 수 있는 이야기가 무궁무진한 겁니다.

그럼에도 다시 한번 말씀드리지만 이집트가 모든 것의 시작이라고 말하긴 힘들어요. '빵'의 경우를 보면, 물론 이집트에서 아주 이른 시기부터 빵을 섭취했습니다. 주식이 밀이었으니까 빵을 많이 먹었는데, 이집트에서 인류 최초로 빵을 먹었다고 말할 수는 없어요. 그 이전에, 그러니까 선사시대 때부터 인간은 밀로 여러 가지 요리를 해서 먹었죠. 다만 기록으로 확인되는 게 이집트에서 빵을 가장 이른 시기부터 먹었다고 하는 건 맞습니다. 그렇게 보면 이집트에서 최초로 빵을 섭취했다고 말할 수도 있겠죠.

또 한 가지 많이 다뤄지는 것 중에 '맥주'가 있어요. 맥주도 이집트에서 최초로 만들었다고 알고 계시죠. 그런데 맥주 역시 문명이 탄생하기 이전, 선사시대 때부터 이미 마셨다고 하는 고고학적 증거들이 있습니다.

다만 확실한 건, 지금까지 확인된 고고학적 자료로 비춰볼 때 맥주를 공장식으로 만든 건 이집트가 최초라는 사실이에요. 이집트는 기원전 3000년경부터 맥주를 몇만 리터씩 생산할 수 있는 시설을 갖

가족들과 함께 빨대로 맥주를 마시고 있는 시리아 용병의 모습.
고대 이집트 신왕국 제18왕조 시대(기원전 1550년~기원전 1292년).

추고 있었습니다.

그런데 고대인이 먹던 맥주와 오늘날의 맥주는 큰 차이가 있어요. 고대인이 먹던 맥주는 빵이랑 다를 바가 없어요. 거의 같은 음식입니다. 빵이 반 액체화되어 발효된 상태가 맥주예요. 죽과 다름없죠. 고대 이집트의 맥주를 현대 학자들이 재현해 만든 적이 있는데, 맥주라기보다 차라리 막걸리에 가까운 형태였어요. 그래서 보통 연구자들은 이런 식으로 말합니다. "지금까지 확인된 양조장 유적 가운데 이 유적이 가장 이른 시기의 것이라고 할 수 있습니다."라고 말이죠. 당장 내일에라도 더 오래된 유적이 발견될 수 있으니까요.

고대에 인류가 타고 다닌 동물들의 경우

허준　　　　지금이야 자전거부터 자동차, 비행기, 우주선까지 무수히 많은 탈것이 있지만 예전에는 동물을 탔지 않습니까. 유라시아에선 말을 탔을 테고 중동에선 낙타를 탔겠죠? 이집트에서도 낙타가 주요 교통수단이었겠죠?

곽민수　　　　놀랍게도 이집트에서 낙타의 흔적이 확인되는 시기는 굉장히 이릅니다. 그러니까 이집트 문명이 시작되었던 시점인

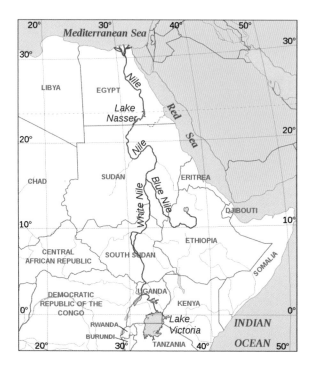

남에서 북으로 흐르는 나일강.

'초기 왕조(Early Dynastic Period of Egypt)' 시대의 제1왕조와 제2왕조 때는 물론이고 그 이전 '선왕조(Pre-dynastic Period of Egypt)' 시대의 상이집트(Upper Egypt)와 하이집트(Lower Egypt) 때도 낙타를 가축으로 길렀다는 흔적이 확인됩니다. 그런데 이후에는 잘 나타나지 않아요. 이집트인들은 오랫동안 육상에서 뭔가를 타고 다니지 않았죠. 고대 이집트는 기본적으로 강을 중심으로 한 문명이었기 때문에 '배'가 주요한 교통수단으로 사용되었습니다. 그런 만큼 가축화된 대형 육

상동물이 많이 필요하진 않았죠.

이집트는 자연조건이 정말 좋습니다. 문명이 탄생하고 유지되기에 최적의 조건이었죠. 나일강은 이집트의 남에서 북으로 흐릅니다. 그러니 남에서 북으로 갈 때는 배를 타고 가면 됩니다. 강물의 흐름이 배를 옮겨주죠. 그런가 하면 이집트 북쪽에 큰 바다 지중해가 있지 않습니까. 그렇기 때문에 이집트에선 바람이 자주 북쪽에서 불어요. 배에 돛을 올리면 바람을 받아 남쪽으로 내려갑니다. 그렇게 이집트 문명이 탄생하기 전부터 나일강은 굉장히 중요한 교통로로 활용이 되었던 거죠.

박현도　　　낙타 하면 역시 아랍, 중동이죠. 아랍에는 무슨 말이 있냐 하면, '아랍인들은 낙타에 기생해서 산다'라는 말이 있습니다. 그 정도로 아랍과 낙타는 서로 떼려야 뗄 수 없는 관계예요. 일반적으로 낙타가 느린 동물로 알려져 있지 않습니까? 그런데 사실 낙타는 꽤 빨라요, 아니 엄청 빠른 편입니다. 시속 40km까지 나오니까요. 그리고 물 한 방울 안 먹고도 엄청 오래, 멀리 갈 수 있고요. 심지어 낙타 오줌으로 샤워도 합니다. 유목민들한테 낙타는 그야말로 모든 걸 주는 동물이죠.

강인욱　　　낙타가 역사를 바꾼 건 사실이지만 중동 한정으로 바꿨다고 할 수 있죠. 반면 말은 전 세계 역사를 바꿨다고 해도 과언이 아닙니다. 말을 빼놓고는 역사를 논할 수 없어요.

원래 말은 식용이었습니다. 목축 동물이라고 해서 약 6천 년 전부터 소, 양, 말, 낙타 등은 사람이 자기 마음대로 고를 수 없었습니다. 땅에 적합한 동물이 있으면 키우는 거죠.

현재까지의 고고학 자료를 보면 약 6천 년 전 카자흐스탄 북부의 초원 지역에서 최초로 말은 탈 것으로 개량되었다고 합니다. 원래 말은 목축 동물로 인기가 있었습니다. 초식동물이고 양도 푸짐하니 목축 동물로 적합했죠. 그런데 말 목동들이 정말 화가 나는 부분이 있어요. 말이 도망가기 시작하면 너무 빠른 거예요. 인간의 힘으론 무슨 짓을 해도 잡기 힘든 거죠. 그래서 말을 탈 수밖에 없었던 겁니다. 다름 아닌 말을 잡기 위해서요.

그런가 하면 말을 잡으려고 올무를 던지지 않습니까. 말의 입에 걸리면 말이 움직이지 못하죠. 그렇게 재갈이 발명되었다고도 합니다. 인간이 말을 타고 다니기 시작하니 역사가 완전히 뒤바뀝니다.

한편 말은 함부로 탈 수 없습니다. 함부로 탔다가 큰일 나죠. 말 등이 평평하지 않고 뼈가 있지 않습니까. 말이 약간만 뛰어도 멀쩡하기 힘듭니다. 운 좋으면 살아남는 수준인 거예요.

그래서 등자(鐙子)를 만들었는데 정착민들만 사용했습니다. 유목민들은 그냥 탔고요. 굉장히 어릴 때부터 탔기 때문이죠. 그들은 말에 타면 말 등에서 허벅지를 꽉 조여요. 그러니 등자가 필요 없어요. 유목인의 무덤을 발굴해보면 뼈가 O자형으로 휘어 있습니다.

곽민수 이집트에는 말이 굉장히 늦게 들어왔습니다. 대략 기원전 1700년경, 제2중간기 시대에 들어왔죠. 그런데 말이 들어오고 나서 굉장히 많은 게 바뀌어요.

청동기 시대 때의 말은 근동 지역에서든 이집트에서든 히타이트에서든 대체로 전차부대로 사용했습니다. 물론 기마병도 있긴 했지만 제한적으로만 존재했죠. 전령이나 척후병들의 경우 말을 탔다고 확인되죠. 그리고 기마부대가 완벽하게 구성을 갖춰 만들어지는 시점은 아시리아 시대입니다.

인류 역사상 공통의 보물인 금에 관하여

허준　　　　인류 역사에서 금이 보물로 통용되기 시작한 시점
이 언제일까요? 선사시대에도 금을 발굴해 써먹었나요?

강인욱　　　　금 채취의 핵심 기술은 '불'이죠. 사실 금을 채취하
는 건 어렵지 않습니다, 쉬워요. 사금(砂金)이 섞인 강바닥의 모래를
퍼서 패닝접시로 돌려 마지막에 남은 금알갱이를 모으면 됩니다. 인
터넷으로 검색해봐도 사금을 취미로 채취하는 사람이 많을 정도죠.

사금을 채취해선 그 알갱이를 모아 제련하면 금괴나 각종 황금 장식을 만들 수 있습니다. 금도 땅속에 묻힌 광물 중 하나이니 만큼 구석기 시대부터 존재를 알았을 겁니다. 다만 금을 녹여 가공하려면 1천 도 이상의 불을 피울 수 있는 제련술이 필요합니다. 그러니 금이 귀하다는 걸 알았어도 뽑아낼 수 없었던 거죠. 금의 기원은 근동의 아나톨리아 지역(튀르키예)이 아닐까 싶습니다. 그곳에서 인류 최초의 도시가 출현했고 또 금속이 가장 먼저 나왔으니 황금 기술도 가장 먼저 발전하지 않았을까 싶은 거죠. 고대 문명의 발달을 보면 도기, 청동, 황금 등을 만드는 기술은 대부분 함께 시작되는 경우가 많습니다. 유리도 그렇고요. 따지고 보면 재질만 다를 뿐 높은 온도의 불을 다스리는 기술이 있어야 가능한 것들이기 때문이죠.

곽민수　　　　엘도라도가 '황금으로 된'이라는 뜻을 갖고 있지 않습니까. 고대 이집트의 식민지 또는 속국이었던 지역, 지금의 이집트 남부이자 수단 북부에 해당하는 지역의 이름이 '누비아'인데 이 지역은 고대 이집트가 지니고 있었던 금의 원천이죠.
누비아라는 이름은 서기 1세기에 처음 등장합니다. 기원전에 태어나 서기 1세기까지 살았던 고대 로마의 지리학자이자 인류학자인 스트라본(Strabon)이 처음으로 사용했죠. 그 이전까진 그곳을 대체로 에티오피아라고 불렀습니다. 고대 이집트에선 누비아를 '타-레시' 혹은 '타-세티'라고 했는데 각각 '남쪽의 땅' '활의 땅'을 뜻합니다.

누비아인들이 활을 잘 썼거든요.

그런가 하면 '누비아'라는 지명은 고대 이집트어와 관련 있을 가능성이 높습니다. 고대 이집트어에서 금을 뜻하는 말이 '네부(Nebu)'인데요. 누비아와 비슷한 발음이죠. 누비아의 어원이 네부, 즉 금을 뜻하는 말일 가능성이 높다고 말씀드릴 수 있겠습니다. 고대 이집트에게 누비아는 항상 관리되어야 하는 지역이었어요. 누비아가 금의 원산지이기 때문이기도 하고 나아가 고대 이집트가 근동 세계에서 경제적인 패권을 유지하는 데 금이 필수적인 요소였기 때문이었죠.

허준　　　　이집트나 유라시아에서 최고 권력자가 권력의 상징으로 금을 이용하는 건 이해가 갑니다. 그런데 이슬람권에선 금을 굉장히 경시하지 않나요?

박현도　　　　이슬람권에선 금에 대해 굉장히 부정적입니다. 보물처럼 취급하긴 하는데요, 남자는 금 장식을 사용할 수 없습니다. 금, 비단은 사치의 상징이에요. 예물도 하지 않고 몸에 착용조차 하지 않죠. 요즘 들어 달라지는 경우도 있겠지만요. 가끔 금박으로 장식한 『쿠란』이 출간되는데 논란이 많습니다. 기록을 찾아보면 대체로 기독교에서 이슬람교로 개종한 사람들이 금 장식을 애용했어요. 기독교에서 금으로 장식하던 기억이 남아 있던 거죠.

허준　　　　지금이야 금을 여러 용도로 쓰니 가치가 높다고 해도 옛날에는 보물로서의 가치가 낮지 않았나요? 활용할 수 있는 데가 별로 없었을 것 같은데 말이죠.

강인욱　　　　금이 전 세계적으로 공통적으로 통용되는 이유는 상징성에 있습니다. 화려한 태양을 상징하죠. 그다음으로 영속성, 절대 녹슬지 않고 무게도 변하지 않아요. 그리고 희귀성입니다. 지구상에 금이 약 25만 톤밖에 없는데 이미 20만 톤을 채굴하고 남은 건 5만 톤뿐이에요. 가공성도 무시할 수 없어요. 좁은 공간에서 조그마한 걸로 엄청나게 많은 걸 만들 수 있습니다. 마지막으로 범용성입니다. 잘 펴지기 때문에 다양한 재질에 문지르고 바를 수 있어요. 황금을 뿌린 참치회나 화장품도 나올 정도입니다. 그렇기에 그 옛날 물물교환할 때도 가장 확실한 금본위제(金本位制)의 화폐로 금을 사용했죠. 인류 역사상 금을 대체할 수 있는 금속은 없었고 앞으로도 없을 것입니다.(참고: 강인욱, 『황금, 불멸의 아름다움』, 서해문집, 2024.)

곽민수　　　　금은 장신구로서의 활용 가치도 굉장히 높습니다. 안정적인 금속이기에 피부에 닿아도 알레르기 반응이 일어나지 않죠. 금 만큼은 못하지만 은도 비슷한 면이 있고요.

예루살렘의 바위의 돔. ©Andrew Shiva

박현도　　　　저는 금을 좋아하는 편은 아닙니다. 그럼에도 제가 가장 멋있다고 생각하는 건물이 금으로 되어 있어요. 바로 예루살렘의 '바위의 돔(Dome of the Rock)'입니다. 메카의 '카바(Kaaba)'와 메디나의 '예언자의 모스크(Aka Al masjid Al nabawi)' 그리고 예루살렘의 '알아끄사 모스크(Al-Aqsa mosque)'와 함께 이슬람의 성지 중 하나로 뽑히죠. 692년에 완공했을 당시에는 황금돔이 아니었어요. 먼 훗날 1960년대와 1990년대에 금을 입힌 거죠. 금 80kg 정도를 썼다고 합니다. 5천여 장의 금 플레이트를 만들어 붙였다고 하는데 약 800만 달러가 소요되었다죠. 바위의 돔이 예루살렘을 살립니다. 어디에서 보든 눈에 띄어요. 너무 멋있고 또 아름다워요.

곽민수　　　　고대 이집트에선 신전 자체에 황금을 이용하는 경우는 많지 않았습니다. 신상을 만들 때 금박을 입히긴 했죠. 고대 이집트 시대에는 금이 넘쳐났는데, 몇몇 연구에 의하면 로마 시대 이전에 인류 전체가 사용한 금 총량의 90%를 고대 이집트인들이 사용한 것으로 여겨집니다. 관련해 몇 가지 이야기를 해드리고 싶네요. 기원전 14세기경 지금의 튀르키예 동부이자 시리아 북부 지역에 위치했던 미탄니(Mittani) 왕국의 왕이 이집트 파라오에게 보낸 서신이 19세기 후반 이집트 아마르나 지역에서 다량으로 발굴되었어요. 이 점토판으로 된 일련의 외교 문서들을 '아마르나 문서(Amarna letters)'라고 통칭하는데, 현재까지 총 382개가 확인되었죠.

그중 'EA 19번'을 보면 금에 관한 이야기가 나옵니다. 미탄니 왕 투시라타(Tushratta)가 이집트의 파라오 아멘호테프 3세에게 보낸 서신이었죠. 서신의 내용은 대략 이렇습니다. '폐하께선 제 아버지에게 금이 마치 구리인 것처럼 많이 보내 주셨는데 왜 저한테는 잘 보내주지 않으시죠?'라고 말이죠. 한 세대 후의 편지도 발견되었는데 이번엔 투시라타가 아멘호테프 3세의 다음 파라오인 아케나텐에게 보냈습니다. '폐하의 아버지께선 우리 아버지에게 금으로 만든 상을 보내주셨는데 왜 폐하께선 금박으로 된 것만 보내주시는지요?'라는 내용이었죠.

당시 미탄니는 굉장한 강대국이었습니다. 최강 이집트의 라이벌일 정도였으니까요. 그런 미탄니에게도 황금으로 이뤄진 이집트의 부는 동경의 대상이었죠. 수천 년 전 그때 이미 금이 모든 이의 욕망의 대상으로 자리잡고 있었다는 사실을 알 수 있습니다.

아마르나 문서의 일부.

문화권별 고대의 독특한 머리 스타일

허준　　　　옛날 벽화나 그림들을 보면 흥미로운 점이 눈에 띕니다. 먹고살 만해지면 꾸미는 문화가 정착되는 것 같더라고요. 이를테면 독특한 머리 스타일 말이죠. 문화권별로 있지 않습니까?

강인욱　　　　머리 스타일은 대체로 두 가지인 것 같아요. 머리를 밀든 머리를 땋든. 그리고 하나 더 있습니다. '편두(編頭)'라고 해서 머리를 천이나 노끈으로 감든지 작은 목판으로 압축해 두개골 자

알콘 훈족 왕조(Hunnic Alkhan
dynasty)를 세운
힝길라 1세(Khingila I)의 초상화.
편두 머리 모양을 하고 있다.

체를 변형시키는 풍습이에요. 아시아, 유럽, 아메리카, 아프리카까지
고대 사회에서 전 세계적으로 행해졌죠. 당시 그들에게 편두는 일종
의 주민등록증이에요. 내가 누군지 보여주려면 모자를 벗어 머리를
보여주면 됩니다. 그런가 하면 편두는 귀족들이 쓰는 관에도 적용돼
요. 그들이 쓰는 관은 편두 머리에만 맞게 되어 있으니 평민이 훔쳐
가도 쓸 수 없어요. 자신들만의 특권을 상징하는 셈이죠.

아프가니스탄에 '틸리아 테페(Tillya Tepe)'라는 유적지가 있는데 신
라 금관과 정말 비슷하게 생긴 금관이 발견되었어요. 그 금관을 썼
던 여사제가 편두 머리를 하고 있었습니다. 일종의 세습무(世襲巫, 부
모로부터 무당의 신분이나 직능을 물려받은 무당)죠. 한편 신라 유물, 특히

기마 인물형 토기를 보면 옆에 일종의 시종이 인도해주면서 같이 가거든요? 보면 둘이 머리 모양이 다릅니다. 기마인이 뾰족 머리를 하고 있고 시종은 넓적 머리를 하고 있어요. 이런 특징 때문에 편두는 한반도를 포함한 유라시아 전역에서 등장하는 특권층의 습속이었죠. 물론 이후에는 널리 퍼지면서 평민층에서 유행하기도 했습니다.

곽민수　　　　고대 이집트에서도 자신의 사회적 정체성을 드러내는 데 머리 스타일이 중요한 수단으로 사용되었습니다. 고대 이집트에선 특히 상류층 남성들은 대부분 머리를 밀고 가발로 정체성을 드러냈죠. 재밌는 건 상류층의 가발은 자신의 머리카락으로 만들지 않았다는 겁니다. 주로 타인의 머리카락으로 만들었어요. 그렇게 하는 게 타인에 대한 자신의 우월한 지위를 나타낸다거나 지배권을 나타낸다고 봤죠. 그중에서 지위가 아주 높은 상류층의 경우 오늘날로 치면 단발머리 정도 되는 길이의 가발을 썼습니다. 반면 상대적으로 지위가 낮은 남성들은 헬멧처럼 동그란 모양의 가발을 썼고요.
또 고대 이집트에서 정말 재밌는 머리 스타일이 있습니다. 머리를 전부 밀고 변발처럼 한쪽만 기르는 스타일이에요. 상류층 청년기 이전의 유아 혹은 청소년들의 스타일이었죠. 가장 유명한 파라오 중 한 명인 람세스 2세의 경우 왕자 시절의 벽화나 부조를 보면 머리를 한쪽으로 딴 모양을 하고 있어요. 특이한 점은 고대 이집트에선 2차 성징 이전에 남성과 여성을 구분해서 표현하지 않았다는 겁니다.

박현도　　　　같은 이집트지만 이슬람 시대의 이집트는 그렇게 복잡하지 않았습니다. 맘루크가 이집트를 지배했던 시대에는 위로 긴 모자를 쓰는 걸로 지위를 나타냈어요. 위로 갈수록 좁아지는 모자였는데 지위를 모자의 높이로 나타내려 한 거죠. 무슬림은 기본적으로 문신, 염색, 가발 등은 금지입니다. 원래의 모습을 바꾸는 행위라고 본 겁니다.

인상적으로 남아 있는 역사적 사례가 하나 있습니다. 이슬람 제국이 638년 예루살렘을 정복합니다. 당시 그리스 정교회 대주교가 정식으로 항복을 하려 하니, 이슬람 쪽에선 최고 지도자인 우마르(Umar)가 옵니다. 예언자 무함마드를 계승한 네 명의 정통 칼리파 중 2대인 사람이었죠. 그런데 우마르는 다른 누구도 대동하지 않고 시종 한 명과 단둘이 낙타를 타고 옵니다. 그것도 둘다 힘드니까 낙타에 칼리파가 탔다가 시종이 탔다가 아무도 타지 않았다가를 반복하면서요. 차림새도 굉장히 소박합니다. 대주교가 보니까 '정말 칼리파가 맞나?' 싶을 정도예요.

사람들이 가마라도 타고 들어가시라고 해도 받지 않아요. 신성한 도시에 들어가는데 어떻게 가마를 타느냐고 말이죠. 그러면서 맨발로 들어가버립니다. 그러곤 예배를 하려니까 대주교가 성당에서 같이 예배하자고 해요. 칼리파는 그럴 수 없다고 합니다. 칼리파가 성당에서 예배했다는 사실을 부하들이 알면 모스크로 만들 테니 성당이 없어질 거라면서 말이죠.

차라리 죽는 게 나을 법한 고대 형벌

허준　　　　우리나라 최초의 법률은 고조선의 8조법입니다. 죄를 지었을 경우 여덟 개 조항의 법으로 그에 상응하는 벌을 받았다죠. 역사를 들여다보면 지역마다, 나라마다 다양한 법률과 형벌이 있었습니다. 고대에는 형벌이 아주 지독했다고 하던데, 어땠나요?

곽민수　　　　고대 이집트의 경우 반역죄는 사형으로 처리했지만, 죄를 지으면 먼저 신체형을 부과합니다. 대체로 코나 귀를 자르죠. 그런 후에 변방으로 보내 노동을 시킵니다. 요새나 신전을 짓는 작업을 시키는 등 노역형을 부과한 거죠.

고대 이집트에는 감옥이 거의 없었습니다. 감옥을 운영하는 것 자체가 큰돈이 들어가는 작업이지 않습니까. 또 근현대 사회에서 감옥을 운영하는 가장 큰 목표가 교화인데, 죄인에 대한 교화라는 철학이 처음 등장한 때가 고대 그리스에 들어선 이후죠. 고대 이집트와는 시공간적으로 거리가 좀 있었습니다.

강인욱   중국의 경우도 죄를 지으면 낙인을 찍고 코를 잘랐습니다. 그런데 진나라 때까지 존속되다가 한(漢)나라 때 없어졌습니다. 한나라 때 유적을 보면 감옥은 발견되지 않았는데, 당시 수도였던 시안의 북쪽 북망산을 조사해보니 죄수의 공동묘지가 발견되었습니다. 성별을 보면 98%가 남성이고 나이는 30대 전후고요. 근처에 왕릉, 귀족의 무덤도 있었습니다. 그러니 신분이 낮은 사람들이 아니라 벼슬을 하다가 감옥에 가서 죽은 거였죠. 작은 무덤에 같이 넣어준 유물은 토기나 기와 조각이 전부였는데, 그 위에 죽은 이의 이름과 생전 벼슬이 쓰여 있었거든요. 죄를 지은 관리는 강제 노역형을 살았던 겁니다.

그런데 몸에 치명적인 상처가 있는 것으로 봐서 노역형에 처해 일을 하다가 아파 더 이상 일을 하지 못하게 되면 죽여버렸을 가능성도 있습니다. 땅도 못 파는데 살려두면 계속 밥을 줘야 하지 않습니까. 이왕 죽일 거 일 좀 시키다가 죽이겠다는 심산이었죠. 계산해보니 하루에 보통 서너 명씩 죽었고 사망자의 56%가 사형 대신 노역형에 처해졌다고 합니다. 현재의 교화와는 완전히 다른 개념이 아니었을까 싶습니다.

박현도　　　무슬림 사회에는 손목 절단형이 있습니다. 이슬람의 종교율법인 샤리아(Sharia)에 따라 절도할 시 손목을 자르죠. 판사가 재량으로 할 수 없는 부분이에요. 그래서 손 잘린 사람들이 도둑놈이라는 말이 나왔죠.

그런데 사고로 손이 잘릴 수도 있지 않습니까? 그들한테는 법학자가 증명서를 발급해줍니다. 훔친 벌로 손이 잘린 게 아니라 사고로 손이 잘린 거니 도둑놈이나 나쁜 사람이 아니라고 말이죠.

역사 속에서, 역사를 기반으로 만들어지는 미신

허준   역사학자들은 미신 같은 거 믿지 않으시죠? 나아가 미신을 믿으면 안 되는 거죠? 역사는 사료에 나와 있는 역사적 사실을 근거로 연구해야 하지 않습니까. 아니면 혹시 미신이 역사를 기반으로 만들어지는 걸까요? 미신이 역사 속에서 만들어지는 걸까요?

곽민수   그 말씀이 정확하다고 생각합니다. 우리가 미신이라고 부르는 사유의 패턴은 과거로부터 이어진 '잔존물'이라고 할 수 있겠습니다. 그렇기에 저는 특정 행태를 두고 미신이라고 말하는 것에 대해 주의를 기울여야 한다고 생각해요.

오늘날의 시점에선 미신이라고 말할 수 있겠지만 특정한 시공간에선 당연한 것이거니와 자연의 법칙이었을 수도 있으니까요. 현대인들이 미신이라고 부르는 건 대체로 과거의 어느 시점, 특정 지역 내에선 분명히 유효했던 일종의 세계관이죠.

박현도   우리가 갖고 있는 생각을 두고 미신이라고 말하지만 일종의 '집단적 의식'이기도 합니다. 이를테면 저도 빨간색으로는 절대 이름을 안 쓰거든요.

캐나다에 유학 갔을 때 일인데, 학과 사무실에서 보험증에 제 이름이 빨간색으로 쓰여 있어서 소스라치게 놀란 기억이 있어요. 지금 생각해도 소름이 돋네요.

우리나라에서 빨간색으로 이름을 쓰면 죽는다는 미신이 생긴 게 6.25 전쟁 때였다는 말이 있어요. 전사자 통지서에서 이름을 빨간색으로 표기했기에 그 이후부턴 이름을 절대 빨간색으로 쓰지 않았다고 합니다.

『사자의 서』의 아누비스 신. 가운데 검은색 개의 머리를 갖고 있다.

곽민수　　　　특정 믿음 체계는 지역적으로 천차만별입니다. 박현도 교수님께서 빨간색을 말씀하셨는데, 검은색의 경우 오늘날에는 죽음이랑 관련을 짓지 않습니까. 상복도 검은색으로 입고요.

그런데 고대 이집트에선 검은색의 의미가 정반대예요. 죽음이 아니라 생명, 탄생, 재생산의 의미를 갖죠. 토지와 흙을 상징하기도 하고요. 검은색을 보면 매년 홍수 이후 나일강이 퇴적되어 비옥함을 불어넣은 토사를 떠올렸다고 하죠.

부활과 관련 있는 신의 피부색을 검은색으로 칠하는 경우도 있습니다. 『사자(死者)의 서(書)』를 보면 아누비스(Anubis) 신이 검은색 개의 머리를 갖고 있죠. 아누비스는 '죽음의 신'이지만 단순히 죽음만을 상징하지 않았습니다. 고대 이집트인들은 죽음과 동시에 영원한 삶이 시작된다는 내세관 속에서 살았으니까요.

노동자에게 대우가 좋았던 고대 이집트

허준　　　　듣기로 고대 이집트에선 노동자들이 권리를 충분히 누렸다면서요? 이를테면 병가도 있고 파업도 하고요.

곽민수　　　　네, 맞습니다. 피라미드 건설 작업에 참여한 노동자들이 권리를 충분히 보장받았다는 구체적인 기록은 분명하게 확인되지 않지만 고고학적으론 확인이 됩니다. 피라미드 건설에 일조한 노동자들이 거주했던 캠프 유적이 발굴되었는데, 이를 통해 노동자가 1인당 쓸 수 있는 공간의 크기를 알 수 있었습니다. 생각보다 훨씬 더 넓은 공간이었죠. 또 캠프 근처에서 상당히 많은 양의 동물 뼈와 생선 가시가 발굴되었어요. 노동자들이 충분한 단백질을 공급받았을 거라고 판단할 수 있습니다.

기원전 1500년경 신왕국 시대가 도래하면 피라미드는 더 이상 만들어지지 않습니다. 다른 형태의 왕묘가 만들어지죠. 이 왕묘를 만들던 노동자들이 집단 거주하던 마을 유적이 있어요. 이 마을에서 문헌 기록이 상당히 많이 발굴되었죠.

그중에는 일종의 출근 명부가 있는데 결근이 꽤 많아요. 사촌 결혼식에 가야 한다, 전갈에 물렸다, 동생 장례를 치러야 한다 등의 이유들로요. 실제로 결근했다는 출근 명부들도 발굴이 되었고요. 학자들이 추정하기로는 열흘에 하루 정도 휴일이 있었고 하루에 여덟 시간에서 열 시간 정도 일을 했을 거라고 보고 있어요.

허준 MC께서 말씀하신 것처럼 노동자들이 급여가 연체되었다는 이유로 파업을 일으키기도 했습니다. 굉장히 유명한 사례죠. 원래 이집트의 신전은 아무나 들어갈 수 없어요. 그런데 노동자들이 신전에 막 쳐들어가 밤새 연좌 농성을 합니다. 여기저기 신전들을 돌아다니면서 시위를 해요. 그러니 총리가 대리인을 보내 노동자들을 진정시키지 않을 수 없어요. 결국 노동자들이 급여의 일부를 받아냅니다.

그 파업 과정을 기록한 행정문서가 발굴되었는데, 내용을 보니 어느 파업 노동자가 너무 화나서 신성모독적인 발언도 서슴지 않습니다.

이를테면 "오늘 급여 안 받으면 파라오 무덤 도굴해버릴 거야"라는 식의 발언이죠. 충분히 처벌이 가능한 발언이었지만 처벌했다는 증거는 나오지 않았고 파업이 철회된 후 파업 주동자들에 대한 처벌이 있었다는 증거 또한 나오지 않았습니다.

강인욱   저도 발굴 현장에서 사람들을 통솔해봤지 않았겠습니까? 채찍만으로는 구덩이를 파는 단순 노역은 가능할지 몰라도 고도의 기술과 예술이 요구되는 건축을 할 순 없습니다. 한두 번 파고 마는 게 아니라 고도의 기술이 투입되어야 하는 거대한 건축물은 절대로 불가능할 겁니다. 인사관리, 'Human Resources'라고 하잖아요. 이집트의 피라미드를 두고 이렇게 말할 수 있을 것 같습니다. '인사관리의 승리다'라고 말이죠.

적당히 행동을 통제해 규율을 지키면서도 자발적으로 또 가성비 좋게 노동을 끌어내는 게 관건입니다. 제 개인적 경험으로 봐도 일단 잘 먹여야 합니다. 러시아에 있을 때 학생들을 데리고 현장에서 발굴을 많이 했는데요, 저는 못 먹어도 학생들은 잘 챙겨줘야 해요. 잘한다고 칭찬도 적절하게 해줘야 하고요. 저녁이 되면 캠프파이어 하면서 함께 노래도 부르고 놀았습니다. 동료애도 키우고 자신들이 얼마나 중요한 일을 하는지 인지하게끔 하면서 자발적인 참여를 이끌어내야죠. 과거에도 마찬가지겠지만요. 채찍만으로 인류사에서 손꼽히는 위대한 건축물을 만들어낸다는 건 말이 안 됩니다.

고대 이집트의 황당한 의학적 사례

허준　　　　근대에도 정말 말도 안 되는 치료법들이 성행하지
않았나요? '차라리 죽는 게 낫지' 할 정도로 무시무시하고 충격적인
치료법 말입니다. 마녀재판은 치료라는 이름으로 자생한 잔혹 행위
일 것이고 전두엽 절제술은 중증 정신질환자를 치료한다는 이름으
로 자행한 비인간적 행위일 것입니다. 고대에도 그런 치료법이 있었
나요?

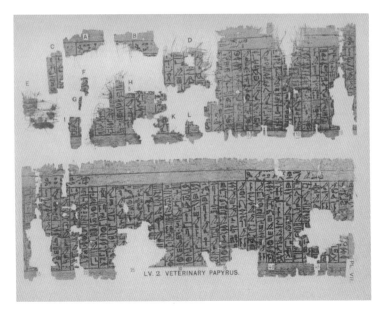

고대 이집트 중왕국 때의 카훈 파피루스(Kahun Papyri).
임신 테스트 방법뿐만 아니라 다양한 피임법 등 산부인과 지침이 기록되어 있다.

곽민수　　　　고대 이집트의 경우 치료는 아닌데 의학적으로 황당한 사례가 남아 있습니다. 다름 아닌 임신 테스트기인데요. 어떻게 그 옛날에 임신 테스트가 가능했을까 심히 궁금합니다.

보리와 밀을 나란히 놔두곤 임신했다고 여겨지는 여성이 그 위에 소변을 봅니다. 보리가 먼저 발아하면 남아를 임신했다고 판단하고, 밀이 먼저 발아하면 여아를 임신했다고 판단합니다. 둘 다 발아하지 않으면 임신을 하지 않았다고 판단하고요.

매우 황당하지 않습니까? 그런데 이 방법이 꽤 정확했다는 사실이 현대에 와서 밝혀졌습니다. 1963년에 이 사례를 두고 과학적으로 분석했는데, 임신한 여성과 임신하지 않은 여성 그리고 남성이 보리와 밀에 소변을 보게 했습니다. 그랬더니 70%의 확률로 임신한 여성의 소변에서 싹이 텄죠. 임신한 여성의 소변에 들어 있던 에스트로겐(estrogen)이 발아를 촉진했다는 판단을 내렸고요.

지금의 우리가 봤을 때 굉장히 황당해 보이는 고대의 조치들이 기나긴 세월 동안 내려온 지식의 산물이 아닌가 싶습니다. 나름의 합리성을 띠기 때문에 전해져 내려온 게 아닌가 싶은 거죠.

고대 이집트 왕실 내 근친혼에 대하여

허준　　　　고대 이집트 왕조를 보면요. 제1왕조, 제2왕조, 제
3왕조부터 제30왕조까지 있지 않습니까. 그런 식으로 왕조의 이름
을 붙인 이유가 따로 있나요? 순서대로라서 덜 헷갈릴 것 같지만 실
상 더 헷갈리는 것 같아요. 그리고 이집트 역사를 들여다보면 왕실
에서 근친과도 서슴없이 결혼을 하잖아요? 이유가 따로 있나요?

곽민수   기원전 3세기 프톨레마이오스 왕조 시대 때, 왕실에서 명령을 내려 이집트 역사를 정리하게끔 합니다. 그때 마네토라고 하는 역사가가 『이집트 역사』를 집필하는데 바로 그가 『이집트의 역사』에서 고대 이집트 왕조를 서른 개로 구분했습니다. 그때 만든 왕조 체계를 현대 학자들도 그대로 가져다 쓰고 있는 거죠. 그렇기 때문에 이 왕조 체계가 완벽하게 논리적이진 않습니다.

대체로 아버지에서 아들로 이어지는 왕위 계승이 끊기면 왕조를 구분하는데, 또 항상 그런 것만은 아닙니다. 아마도 고대 이집트인들은 왕조의 단절을 인지하지 못했을 가능성이 크죠.

일반적으로 '고대 이집트(Ancient Egypt)'라고 부르는 역사에서 번호가 붙어 있는 왕조는 서른 개예요. 기원전 31세기경의 제1왕조부터 기원전 340년경의 제30왕조까지. 거기에 제30왕조 후의 프톨레마이오스 왕조를 붙이면 서른한 개가 되고, 프톨레마이오스 왕조 이전 10여 년간의 짧은 기간 동안 존재했던 아케메네스 왕조 페르시아의 2차 지배기까지 더하면 서른두 개 왕조가 됩니다. 이후 이집트는 로마 제국에 편입되죠.

근친혼에 대해 말씀드리자면, 사실 프톨레마이오스 왕실 내의 혼인 시스템은 이집트 스타일이라기보다 그리스 스타일에 가깝습니다. 그런데 이집트 왕실에서도 근친혼은 꽤 자주 있었어요. 다만 동복 남매들끼리 혼인하는 경우는 극히 드물었고 이복 남매들끼리 혼인하는 경우는 많이 있었습니다.

5장. 최초의 역사, 의외의 역사

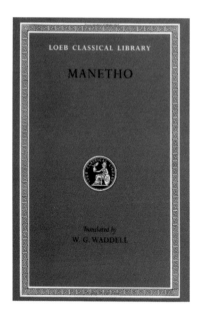

'The Loeb Classical Library'
시리즈로 나온 마네토 저술의
고대 그리스어-영어 대역본.

박현도　　　현대 중동을 보면 사촌과 결혼하는 경우가 많아요. 근친혼이죠. 그래서 사우디아라비아의 경우 신생아의 20%한테서 유전적 기형을 볼 수 있습니다. 근친 결혼율이 50%가 넘죠. 영국 의원들이 이를 심각하게 여긴 적이 있어요. 무슬림 이민자 기형아 때문에 말이죠. 그래서 국회의원들이 근친혼 이민자는 받지 말자는 법안을 통과시키려고 하기까지 했습니다. 그 정도로 근친혼 문제가 심각해요.

곽민수　　　　고대 이집트에서도 비슷한 사례가 있습니다. 잘 아시다시피 가장 유명한 파라오 하면 '투탕카멘'이 떠오릅니다. 신왕국 제18왕조의 파라오죠. 투탕카멘의 경우 굉장히 많은 유전적 질환을 앓았다고 알려져 있습니다.

투탕카멘 미라를 조사해보니까, 구순구개열(口脣口蓋裂) 증상이 있었던 걸로 보이고 다리 한쪽이 안으로 꺾여 다리를 절었던 걸로 보여요. 전부 근친혼의 결과로 여겨집니다.

이집트 제18왕조 250여 년 동안에 왕실 내에서 근친혼이 계속 이뤄졌어요. 그러다 보니 유전자 질환이 계속 축적되어 투탕카멘한테 집약적으로 나타났던 게 아닌가 싶습니다.

아내를 딸로 입양한 고대 이집트의 남편

허준 _____ 이슬람 역사에서 신분을 상승시킬 수 있는 가장
좋은 기회는 어떤 게 있었을까요? 이를테면 노예에서 벗어나는 방
법이 있었을까요?

박현도 _____ 과거 이슬람은 평등한 사회였습니다. 신분제가 아
니었죠. 그런데 노예는 있었어요. 보통 전쟁 포로였죠. 무함마드는
노예를 잘 대하라고 가르쳤습니다. 물론 모든 무슬림이 무함마드의

가르침을 제대로 따르지는 못했죠.

노예가 없는 사회는 없었지 않을까요. 그러니 무슬림한테 신분 상승이라는 개념은 없었습니다. 노예의 경우 주인이 '내가 너를 해방시켜준다'면서 해방시킨 기록이 있고요. 이슬람교의 창시자 무함마드도 노예를 해방시켜 양아들로 삼았죠.

곽민수   고대 이집트에도 전통적인 의미의 노예 계층은 없었습니다. 다만 누군가에게 신분이 종속되어 있는 사람들은 있었어요. 그런데 그들의 경우에도 주인한테 해방되어 평민으로 살아가는 사례가 굉장히 많았습니다.

어느 부부에게 아이가 태어나지 않았습니다. 그래서 남편이 집안의 하녀와 동침해 자식을 세 명 낳아요. 그리고 나중에 부인이 세 명 모두를 입양하죠. 고대 이집트에선 여성도 사유재산을 가질 수 있었습니다. 그래서 부인은 입양한 자식들에게 평등하게 재산을 물려줬다고 합니다.

또 다른 사례가 남편한테 입양된 부인의 이야기예요. 그 이유가 남편이 재산을 효율적으로 상속하기 위해서였어요. 자식이 아닌 부인한테 재산을 물려주려면 온전히 다 물려줄 수 없었고 친척들한테도 어느 정도 나눠야 했습니다. 즉 자신의 가계 내에서 재산을 유지하고자 편법을 사용했던 거죠. 자식이 없으니 남편이 죽은 후 부인의 삶을 보장하기 위함이었고요.

말문이 막힐 만큼 황당하고 특이한 법들

허준　　　　　인류 역사를 돌아보면 사회, 지역, 시대에 따라 '정말 이런 법이 있다고?' 하며 황당해할 만한 법이 있지 않습니까. 어떤 것들이 있을까요?

곽민수　　　　뉴스를 통해 알게 된 특별한 법들을 말씀드릴까 합니다. 하와이에선 '산만한 보행 금지법'이 적용된다고 해요. 핸드폰을 보면서 걸으면 벌금이 부과되는 거죠. 그런가 하면 그리스에선 유적지에 들어갈 때 하이힐을 신으면 안 됩니다. 유적지 바닥이 훼손될 수 있다는 이유죠.

한편 이집트에선 공공시설물 사진 촬영이 금지되어 있습니다. 이집트가 이론적으로는 계엄 상태거든요. 이집트 5~6대 대통령 안와르 사다트(Anwar Sadat)가 1982년에 암살당한 후 계엄령이 선포되었는데 40년이 지난 지금까지도 풀지 않고 있습니다. 그래서 이집트에 가보면 거리 곳곳에 경찰이 굉장히 많이 배치되어 있죠. 물론 나라 전체적으로는 평온한 상태이고 특별하게 엄중하다는 느낌을 받지 않아요. 저의 경우 제지를 당한 적이 손에 꼽을 정도니까요. 그렇지만 원칙적으로 공항이나 철도, 기차역이나 지하철역 등 공공시설물에서 사진을 찍으면 안 됩니다.

강인욱　　　　문화재 관련해서, 도굴하면 벌을 받는다는 건 상식에 가깝죠. 물론 인간의 역사가 곧 도굴의 역사이기도 하지만요. 이를테면 조선의 경우 도굴했다가 걸리면 교수형에 처했습니다.

『조선왕조실록(朝鮮王朝實錄)』을 보면 서른 건쯤 나옵니다, 도굴했다가 걸렸다고요. 세종 때 기록을 보면, 노비 하나가 도굴해서 보물을 훔쳤다가 걸리자 교수형에 처해야 한다는 상소가 올라옵니다. 세종은 교수형에 처하라는 명을 내렸죠. 또 세종이 "장례를 치를 때 금과 은을 넣지 마라."고 명을 내렸다고 합니다.

조선 전기에 도굴이 엄청 성행했었다고 미뤄 짐작할 수 있는 대목입니다. 그런데 조선 후기에 이르면 도굴했다는 기록이 사라집니다. 실제로 아무도 도굴을 하지 않게 된 거죠.

박현도　　　무슬림 쪽에서는 특이할 만한 게 원칙적으로 이자를 받지 않습니다. 일명 '이자 놀이'를 두고 도덕적으로 올바르지 않은 행위로 간주하기 때문인데요.

예언자 무함마드의 경우 누군가한테 돈을 빌렸다가 갚을 때 고마움의 표시로 뭘 더 얹혀주는 건 괜찮다고 했지만 말이죠. 사실 고리대금업을 금지한 겁니다.

그런가 하면 이슬람의 모든 국가가 그러는 건 아니지만 여성의 경우 후견인의 허락 없이 외국에 못 나가는 경우가 있습니다. 예를 들면 아내가 남편과 싸우곤 '에이, 남편 꼴보기 싫으니까 해외나 잠깐 나갔다가 와야겠다' 하고 공항에 갔는데 그 사이 남편이 공항에 연락해 아내가 해외에 나가지 못하게 막을 수 있는 거죠.

강인욱　　　황당한 법이라기보다 안타까운 경우가 있었습니다. 2000년대에 러시아 연해주 블라디보스토크 근처로 발굴 작업을 매년 나갔어요. 당시 블라디보스토크 일대의 건설 공사 현장에서 북한 사람들이 많이 일했죠.

그런데 발굴이 끝나고 블라디보스토크에서 하는 어떤 전시회에 갔더니만 북한도 참여했는지 부스에 북한 사람들도 있더라고요. 블라디보스토크가 워낙 북한과 접경한 지역이기도 하고 또 북한과의 교류도 많았던 시절이에요.

북한의 역사와 문화에도 궁금한 게 많지만 막상 말을 붙이려니까 국가보안법에 걸리지 않을까 걱정이 되었죠. 북한 사람들은 더하면 더했지 덜진 않았겠죠? 러시아 과학원에서 주최한 행사였는데, 남북한의 상황을 잘 모르니 자연스럽게 소개도 시켜주고 옆에서 흐뭇하게 지켜보더라고요.

결국 저는 공식 통역을 통해 러시아말로 간단히 인사말만 건넬 수밖에 없었어요. '짜고 치는 고스톱'이었죠. 아마 제가 한국말을 했으면 그 북한 사람들은 다 도망갔을 겁니다.

곽민수　　　고대 이집트의 경우 실재하지 않는데 실재한다고 널리 알려진 법에 관해 꼭 짚고 넘어가고 싶은 게 있습니다. '고대 이집트에선 왕족만 자위행위를 할 수 있었고 평민들이 자위행위를 하다가 걸리면 처벌을 받았다'라는 내용인데요. 한국의 여러 매체에서 자주 다뤄지며 대중에 널리 알려졌습니다.

그런데 실제로는 그런 법은 없었어요. 왜 이런 가짜 뉴스가 매체에서 오르락내리락했는지 추적을 해봤더니, 영국의 한 기자 출신 작가가 자신의 오르가즘 관련 저서에서 고대 이집트 문화를 자의적으로 해석해 써놨더라고요.

고대 이집트에서 신화적으로 자위행위가 꽤 중요한 행위인 건 맞습

고대 이집트 신화의 창조신 아톰. 그는 자위행위로 자식을 낳았다.

니다. 고대 이집트에 여러 신화체계가 존재하는데 가장 유명한 '헬리오폴리스(Heliopolis) 신화체계'에 따르면 최초에 아톰(Atum)이라는 신이 나타납니다. 태양신이자 창조신으로 이집트 신화에서 최고 정점에 위치한 근원이죠.

그런데 스스로 태어났으니 혼자예요. 자식을 낳아야 하는데 혼자니까 할 수 있는 게 없어요. 그래서 자가생식을 합니다. 즉 자위행위를 한 거죠. 그렇게 공기의 신 슈와 습기의 여신 테프누트가 태어납니다. 오누이 신이 부부가 되어 다시 자식을 낳아요.

최초의 탄생이 자위행위에서 비롯되었으니 자위행위가 신화적으로 중요하게 다뤄진 겁니다.

고대 이집트의 주요 신전들 신관 직위 중에 '신의 손'이라고 하는 직위가 있습니다. 신왕국 시대 이후에 나타나는데, 최고위층의 여성 사제들이 갖고 있던 직위였어요. 그렇다고 그들이 특별한 성적인 행위를 시행했다는 증거는 없습니다. 다만 상징의 차원에서 여성 고위 신관이 '신의 손'이라는 이름의 직위를 가졌던 걸로 보여요.

그리고 이 헛소문과 관련한 또 다른 이야기로, 고대 이집트의 파라오가 대중 앞에서 공개적으로 자위행위를 하는 의례가 존재했었다는 내용입니다. 그 역시 뒷받침할 수 있는 사실적 근거는 없습니다. 아무것도 확인되지 않아요.

아무래도 외국의 레퍼런스라 그 자체로 어느 정도의 공신력을 갖게 된 것 같고 고대 이집트라고 하면 너무 풍족해서 퇴폐적일 것 같다는 인식이 저변에 깔려 있는 것 같습니다.

강인욱　　　법 하면 떠오르는 역사적 인물 중 '진시황'이 있습니다. 본인이 만든 법 때문에 다름 아닌 본인이 피곤해진 자승자박의 케이스라고 할 수 있겠죠.

그는 장수가 군사 50명만 이동하게 해도 본인의 재가를 받게 했습니다. 또 하루 120근의 죽간 문서를 쌓아놓고 처리했다죠. 저울에 달아서 정확히 재가면서요. 그런데 죽간 문서를 발굴해 보니까, 엄청나게 작고 또 단순화된 글씨가 빽빽하게 들어차 있었습니다.

거대한 중국의 모든 지역에서 그에게 결재를 올려야 했고, 또 하루에 보는 양도 제한되었으니 문서를 최대한 작고 가늘게 써서 올렸을 겁니다. 진시황이 과로사했다는 말이 괜히 있는 게 아니에요.

고대인이 고인을 모시는 특별한 방법

허준　　　　보통 무덤을 생각할 때 무섭거나 가까이하기 어려운 거라고 생각하지 않습니까? 반면 역사학자의 시선에서 무덤은 지식의 보고(寶庫)처럼 생각할 수 있겠죠? 페르시아의 무덤은 특이하게 절벽이나 바위산에 있더라고요?

박현도　　　　고대 페르시아는 매장 방식이 특이합니다. 조로아스터교의 가르침에 따라 사람을 땅에 묻지 않아요. 땅에 묻으면 땅이 오염되지 않습니까.

그 형태가 지금도 잘 남아 있는 게 이란의 중부 도시 야즈드 남쪽 변방의 메마른 언덕배기에 있는 '침묵의 탑(Tower of Silence)'이에요. 언덕배기를 올라가면 시체를 두는 장소가 움푹 패여 있습니다. 사람이 죽으면 그곳에 놓아두고 독수리들한테 먹히게 해요. 그러면 뼈만 남는데 그 뼈를 추려 용기에 담습니다. 왕의 경우 관에 넣고요.

허준 MC께서 말씀하신 바위산의 무덤 중 유명한 게 이란 남부 파르스주의 '나그셰 로스탐(Naqsh-e Rostam)'이에요. 그곳에 다리우스 1세(Darius I)와 다리우스 2세(Darius II), 크세르크세스 1세(Xerxes I)와 아르타크세르크세스 1세(Artaxerxes I)의 묘가 있어요. 전부 석관에 뼈를 넣었을 거라고 봅니다. 또 가장 위대한 페르시아 왕이라 칭하는 키루스 2세의 경우도 무덤을 보면 안에는 비어 있고 석관을 땅 위에 놓았어요.

그런데 요즘에는 매장을 합니다. 그러니 서로 충돌하잖아요? 무슬림

은 무조건 매장이거든요. 고대 페르시아가 멸망하고 이슬람 국가가
들어서면서 조로아스터교의 전통이 사라진 거죠. 무덤의 형태도 완
전히 바뀐 것이고요.

곽민수　　　고대의 무덤에 대해 말할 때 주요하게 다뤄지는
게 피라미드지만, 피라미드 이외에 미라에 관한 이야기도 흥미롭습
니다. 고대 이집트인들이 미라를 만든 이유는 역설적이게도 무덤을
만들기 시작했기 때문이에요.

무슨 말이냐 하면, 이집트는 굉장히 건조한 지역입니다. 그래서 이
집트 문명이 시작되기 이전 선왕조 시대 때는 보통 땅을 파서 매장
을 했어요. 그런데 그곳이 사막이라 시신이 부패하기 전에 건조가
되어버리는 겁니다. 즉 고대 이집트인들한테는 시신이 썩지 않는 게
지극히 자연스러운 현상이었던 거죠.

이후 이집트인들은 공을 들여 무덤, 즉 시신을 매장하는 시설을 만

페르시아 제국 왕들의 무덤, '나그셰 로스탐' 전경

들기 시작합니다. 그 과정에서 시신이 지표면과 맞닥뜨리지 않게 하죠. 돌로 바닥을 깔거나 석관을 만들어 시신을 안치시키면, 시신은 더 이상 흙과 직접 닿지 않게 됩니다. 그때부터 시신이 썩기 시작해요. 그런데 이집트인들은 시신이 썩는 게 익숙하지 않으니 시신을 매장하기 전에 미리 인공적으로 건조하자는 생각을 한 겁니다. 그렇게 미라를 만들게 되었죠.

미라를 만들 때는 시신이 썩지 않는 게 가장 중요합니다. 하여 모든 내장기관을 제거하죠. 콧속으로 꼬챙이를 넣어 뇌를 부수면 액체가 되어 콧구멍이나 귓구멍으로 빠져나와요. 그러고 나서 안에 수지 같은 걸 넣어 두개골이 함몰되지 않게끔 보완합니다. 내장의 경우 심장을 제외하곤 모두 제거하고요.

제거한 내장들, 이를테면 간, 폐, 위장, 창자 등은 따로 건조를 시

고대 이집트에서 미라를 만들 때 장기를 보관하기 위해 사용한 카노푸스의 단지.

켜 특별하게 만든 용기에 담습니다. '카노푸스의 단지(Canopic jars)'
라고 하고요. 각각의 장기를 수호하는 신들이 있어요. 두아무테프
(Duamutef), 케베세누프(Qebehsenuef), 임세티(Imsety), 하피(Hapi).
와중에 심장만 남겨놓은 이유가 있습니다. 고대 이집트인들은 심장
이 사람의 인격과 지성 등 정신적인 측면의 정수라고 생각했기 때문
이에요. 인간의 사고도 뇌가 아닌 심장으로 한다고 생각했죠.

고대 이집트인들은 엄청나게 복잡한 사후 세계관을 갖고 있어요. 그
중에 반드시 통과해야 하는 과정이 있는데 여러 위험이 존재하죠.
그 과정을 잘 통과하면 최후의 심판장이 나오는데, 그곳에서 망자를
심판할 때 심장의 무게를 잽니다. 저울이 있는데 한쪽에는 망자의
심장을 올려놓고 다른 한쪽에는 깃털 하나를 올려놔요. 깃털은 '마
아트의 깃털'이라고 해서 우주적인 질서 또는 정의가 구체화된 대상
입니다. 심장이 깃털보다 무거우면 죄인인 거죠. 저울 앞에 암무트
라고 하는 괴물이 앉아 있는데 '죽음을 먹는 자'라는 뜻을 가진 여신
이에요. 머리는 악어, 몸의 앞쪽은 사자, 몸의 뒤쪽은 하마고요. 고대
이집트인들이 가장 두려워한 동물들, 즉 두려움의 총체죠. 그런데
널리 숭배의 대상이 되는 메이저 신은 아니었어요.

한편 하층 계급의 사람들이 죽었을 땐 미라를 만들지 않고 방부 처
리만 해서 땅에 묻었어요. 실제로 그런 무덤들이 발견되었고요. 다
만 기원전 3500년경, 즉 이집트 문명이 탄생하기 이전 시대의 시신
들은 자연적으로 미라가 되는 경우가 굉장히 많았습니다.

Question 1

흔히 '이슬람의 3대 성지'로 메카, 메디나, 예루살렘을 뽑는데요. 각각 이슬람에서 어떤 의미를 갖고 있는지요?

박현도　　　카바 성소(聖所)가 있는 메카, 예언자 무함마드의 묘가 있는 메디나, 알아끄사 모스크와 바위의 돔이 있는 예루살렘을 이슬람의 3대 성지라고 합니다.

메카는 표준 아랍어로 막카(Makkah)입니다. 현재 사우디아라비아 왕국에 속해 있는 도시로 이슬람이 시작된 곳입니다. 이슬람 최후의 예언자 무함마드가 태어나 자랐고 예언자로 부름을 받아 하나님(알라)의 뜻을 전하려다 박해 받고 떠났다가 승리자로 다시 돌아온 도시죠. 매일 하루에 다섯 번 무슬림이 하나님에게 예배를 드릴 때 향하고, 평생 한 번 순례하길 원하는 곳입니다.

무슬림은 인류의 유일신 신앙이 메카에서 시작했다고 믿습니다. 최초의 인간 아담이 메카에 카바를 건설했으나 노아의 대홍수로 무너지자, 이브라힘(아브라함)이 아들 이스마일(이스마엘)과 함께 다시 세웠다고 하죠. 카바는 육면체로 만든 성소를 말합니다. 카바 내 동쪽 한 곳에 검은 돌이 있는데, 무슬림들은 이를 아담 시대 때로 거슬러 올라간다고 믿어요.

무함마드가 예언자가 되기 전에 메카 사람들이 카바를 재건했는데, 그때 이 검은 돌을 무함마드가 지금 자리에 다시 놓았다고 합니다. 직경 30cm인 이 검은 돌에 예언자가 입을 맞췄다는 전승에 따라 지금도 무슬림들은 그렇게 하려고 합니다.

한자로는 천방(天房), 곧 하늘의 집이라고 부른 이곳을 다신 숭배에 빠진 인간들이 더럽혔으나 최후의 예언자 무함마드가 메카를 정복한 후 곧바로 다시 유일신 신앙 장소로 정화해 오늘날에 이른다고 무슬림들은 믿습니다.

현재 약 13m 높이인 메카의 카바는 하늘에 있는 '세상의 집(알 바이툴 마으무르)'의 복사판이라고 합니다.

첫 창조물 아담과 연결되는 카바는 아랍어로 '바이툴라', 곧 하나님의 집이라고도 불리는데, 바로 인류 최초의 유일신 신앙이 자리 잡은 세계의 중심지로 여기죠. 그래서 이 성소가 있는 메카를 '세상의 배꼽'이라고도 불렀습니다.

아담으로부터 이어온 유일신 신앙을 무함마드가 다시 확립해 바로 이곳 메카에서 온 세상으로 알렸고, 그 신앙이 바로 '이슬람'이라는 겁니다.

메디나는 무함마드가 622년 메카에서 이주해 632년 죽을 때까지 머문 도시로, 원래 이름은 야스립(Yathrib)이었으나 예언자가 머문 도시라는 뜻의 마디나툰 나비(Madinat al-Nabi)를 줄여 마디나로 부릅니다. 아랍어에서 마디나(Madinah)는 일반명사로 도시인데, 고유명사가 된 셈이죠.

표준 아랍어로는 마디나인데, '메디나'로들 발음합니다. 무함마드의 무덤이 있는 예언자 모스크가 순례지이고요.

무슬림은 예루살렘을 꾸드스(Quds)라고 부릅니다. 성스러운 곳이라는 뜻이죠. 예루살렘은 카바가 있는 메카, 예언자 무함마드의 묘가 있는 메디나에 이어 이슬람에서 세 번째로 중요한 성소입니다. 알아끄사 모스크와 바위의 돔이 있기 때문이죠. 이슬람 최초의 예배 방향도 예루살렘이었다가 메카로 변경했습니다.

예루살렘은 638년 아랍 무슬림군이 비잔티움 제국(Byzantine Empire, 동로마 제국)으로부터 빼앗았습니다. 당시 성전산은 쓰레기 더미였죠. 로마나 비잔티움은 그리스도인의 제국이었기에 유대인의 성소에는 그다지 신경을 쓰지 않았습니다. 말 그대로 폐허로 방치했죠. 새로운 주인이 된 두 번째 칼리파 우마르가 폐허 더미를 청소하기 시작했다고 합니다.

그리고 무슬림이 세운 두 개의 건축물이 오늘날까지 예루살렘을 압도하고 있습니다. 바로 알아끄사 모스크와 바위의 돔이죠. 알아끄사 모스크와 바위의 돔은 이슬람에서 예언자 무함마드의 천상 여행과 밀접하게 연결됩니다.『쿠란』17장 1절은 다음과 같이 말합니다. "그분의 종을 밤새 알마스지드 알하람(al-Masjid al-Haram)에서 알마스지드 알아끄사(al-Masjid al-Aqsa)로 데려가신 그분께 영광! 그 일대를 우리가 축복했다. 우리의 징표를 그에게 보여줬으니. 실로 그분은 들으시고 보시노라!"

알마스지드 알하람은 메카 성지 카바 성원을 가리키지만, 알마스지드 알아끄사는 해석이 상당히 어려운 용어입니다. 말 그대로 해석하면 알아끄사 모스크죠. 예루살렘의 알아끄사 모스크와 혼동할 수도 있습니다.

알아끄사라는 말을 고유명사로 보지 않고 뜻 그대로 해석하면 '가장 멀리 있는'이라는 말이죠. 따라서 알마스지드 알아끄사는 '가장 멀리 있는 모스크'라고 풀이할 수 있습니다.『쿠란』에 따르면 하나님은 무함마드를 하룻밤 사이에 카바에서 가장 멀리 있는 모스크까지 여행을 시켜줬다는 겁니다.

『쿠란』구절을 근거로 무함마드의 천상 여행에 관한 믿음의 전통이 형성되었습니다. 하룻밤 사이에 하나님이 내려준, 노새보단 작고 당나귀보단 큰 흰색의 영험한 동물 부락(Buraq)을 타고 메카의 카바에서 예루살렘 성전산으로 가서 바위돔 안에 있는 바위를 밟고 하늘로 올라 천상 여행을 했다고 하죠. 횡적인 여행과 종적인 여행이 합쳐져 완벽한 천상 여행 일정을 만든 겁니다.

이제 성전산의 알아끄사 모스크는 『쿠란』에서 말하는 알마스지드 알아끄사, 즉 가장 멀리 있는 모스크이고, 바위돔 안의 바위에는 무함마드가 천상 여행을 할 때 남긴 발자국이 선명하게 남아 있다고 무슬림들은 믿고 있습니다.

기독교의 목사, 천주교의 신부, 불교의 스님처럼 이슬람교에도
일종의 사제 또는 종교 지도자가 있나요? 없다면 따로 이유가 있
나요?

박현도　　　이슬람에는 정해진 기간 동안 교육과 수행을 거쳐
스님처럼 비구(니)계를 받거나, 신부처럼 서품을 받거나, 목사처럼
안수를 받는 성직자가 없습니다. 다만 무슬림 공동체에는 종교적 학
식과 성품이 뛰어나 사람들의 인정을 받으며 지도력을 발휘하는 사
람들이 있죠.

이맘(imam)은 모스크에서 금요일 합동 예배를 인도합니다. 울라마
(ulama)로 통칭하는 학자가 있고요. 아랍어로 지식인을 알림(alim)이
라고 하는데, 복수가 울라마입니다. 신학, 법학 및 종교 관련 학문을
연구한 사람을 총칭하는 말이죠.

이들 중 이슬람법을 설명하고 해석하고 법적인 견해를 밝히는 사람
을 무프티(mufti)라고 합니다. 무프티도 울라마에 속하죠. 무슬림 사
회에서 학식이나 인품으로 존경받는 사람을 셰이크(shaykh)라고 부
릅니다.

시아파, 특히 이란에선 고등 종교학교에서 공부를 마친 사람을 호
자톨레슬람(Hojjatoleslam)이라고 부릅니다. 이슬람의 증거라는 뜻

이죠. 호자톨레슬람의 학식과 품성이 뛰어나면 사람들은 아야톨라 (Ayatollah)라고 부릅니다. 하나님의 징표라는 뜻이에요. 아야톨라 중 극히 뛰어난 사람을 아야톨라홀오즈마(Ayatollah-ol-ozma), 즉, 대(大) 아야톨라라고 부르며 존경합니다.

시아파에서도 금요일 합동 예배를 인도하는 사람을 금요 예배 이맘 이라고 부릅니다. 원칙적으로 예배는 학식 있는 사람이라면 누구나 이끌 수 있지만, 현대 사회에선 모스크마다 국가나 사회에서 임명한 이맘이 스님, 신부, 목사의 역할을 합니다. 이슬람은 독신보단 결혼 을 권장하기에 이맘, 울라마, 호자톨레슬람, 아야톨라, 아야톨라홀오 즈마 모두 거의 예외 없이 기혼입니다.

Question 3

이슬람교가 7세기 초에 시작되었다고 알고 있는데요. 이후 지금
까지의 시대를 대략적으로라도 구분해주세요. 이슬람을 이해하
는 데 조금이나마 도움이 될 것 같습니다.

박현도　　　시대를 재단하는 절대적인 법칙이 딱히 있는 건
아닙니다. 마셜 호지슨(Marshall G. S. Hodgson)의 역작 『The Venture of
Islam』을 기준으로 삼아 요약하겠습니다.

무슬림 역사가 앗따바리는 이슬람의 역사가 천지창조 때부터 시작
한다고 봤습니다. 세속적인 시각에선 이슬람의 역사를 크게 고전 시
대, 중간 시대, 3제국 시대, 근현대로 나눠 볼 수 있습니다. 시기를 나
누는 분기점은 역사의 물줄기를 바꾼, 그야말로 영향력이 지대한 사
건이고요.

고전 시대는 무함마드가 이슬람 운동을 시작한 600년경부터 압바
스 칼리파조가 시아파 부예(Buye)조의 침략에 수도 바그다드를 내준
945년까지입니다. 무함마드 사후 무슬림들은 최후의 예언자 무함
마드를 이어 무슬림 공동체를 이끌 사람을 후계자라는 뜻인 칼리파
(Khalifah)라고 불렀습니다. 좀 더 정확히 말하자면 '칼리파트 라술 알
라(Khalifat Rasul Allah)'로 하나님의 사도의 후계자라는 뜻이죠. 이들
은 예언자는 아니고, 현대식으로 풀이하자면 정치적인 지도자가 될

겁니다. 순니 무슬림은 처음 네 명의 칼리파를 라시둔(Rashidun)이라고 부르면서 이후의 칼리파와 엄밀히 구분합니다. 라시둔은 올바르게 인도된 칼리파라는 뜻으로, 우리말로는 보통 정통 칼리파로 번역합니다. 네 명의 정통 칼리파는 아부 바크르(Abu Bakr), 우마르(Umar), 우스만(Uthman), 알리(Ali)입니다.

알리의 죽음으로 정통 칼리파 시대가 끝나고 시리아 다마스쿠스를 수도로 한 우마이야(Umayyad) 칼리파조가 등장합니다. 이슬람 역사에서 가장 욕을 많이 먹는 칼리파조인데, 예언자 무함마드를 반대했던 집안이었고 정통 칼리파 시대와 달리 부자 상속이었으며 비(非)아랍 무슬림을 공정하게 대하지 않았기 때문입니다.

비록 호평을 받지 못한 시대였지만 우마이야 칼리파조 때 오늘날 무슬림 세계의 골격이 완성되었죠. 특히 우마이야 칼리파조가 711년 점령한 스페인 이베리아 반도는 프란시스코 타레가(Francisco Tarrega)의 기타 연주곡 〈레꾸에르도스 데 라 알람브라(Recuerdos de la Alhambra)〉로 유명한 알람브라(Alhambra) 궁전이 1492년 함락될 때까지 700년간 무슬림 세계의 한 부분으로 존속했습니다.

우마이야 칼리파조를 타도하고자 747년 제국의 동쪽 호라산 지역에서 아랍과 비아랍 무슬림들이 연합해 검은 혁명의 깃발을 높이 치켜들었습니다. 『구당서(舊唐書)』와 『신당서(新唐書)』는 이들을 흑의대식(黑衣大食), 우마미야 칼리파조를 백의대식(白衣大食)이라고 부릅니다. '예언자 집안'으로 분장한 이들 혁명 지도층은 결국 우마이야 칼리파조를 무너뜨리고 압바스 칼리파조를 세웠습니다.

압바스 칼리파조는 정권을 잡으면서 우마이야 지도층을 대거 살해했는데, 이때 간신히 목숨을 부지한 압둘 라흐만 1세(Abdul Rahman I)가 스페인으로 넘어가 756년 코르도바에 우마이야 아미르(amir)조를 세웠고, 929년 압둘 라흐만 3세(Abdul Rahman III)가 칼리파를 선언하면서 코르도바 아미르조가 코르도바 칼리파조로 탈바꿈하면서 1031년까지 존속했습니다. 아랍 무슬림을 우대하던 우마이야 칼리파조와 달리 비아랍 무슬림이 개국 공신이었던 압바스 칼리파조는 시아파의 소요 때문에 어려움을 겪었죠. 칼리파 알마으문(Al-Ma'mun)은 정치적 난관을 돌파하고자 시아파의 여덟 번째 이맘 리다(Rida)를 자신의 후계자로 지명했으나 알마으문에 앞서 죽었습니다. 시아파 무슬림들은 알마으문이 자신보다 인기가 더 많다고 생각해 리다를 독살했다고 믿습니다.

시아파의 도전에 시달리던 압바스 칼리파조는 결국 이란 카스피해 부근에서 발흥한 시아파 부예조에 945년 수도 바그다드를 내줬습니다. 제국의 심장부를 차지한 부예조는 칼리파를 허수아비로 만들었지만 죽이진 않았고, 순니파를 강제로 개종하려고 하지도 않았죠.

부예조의 바그다드 함락은 이슬람 역사에서 고전 시대와 중간 시대를 가르는 중요한 분기점입니다. 이 시기 무슬림 세계는 시아파가 강력한 우위를 차지하고 있었습니다. 압바스 칼리파조는 예언자의 딸 파띠마(Fatimah)의 후손을 자처하면서 스스로를 파띠마 칼리파조라고 선언한 7이맘 시아파 무슬림에게 서쪽 이집트 지역을 내줬는데, 이제 동쪽 핵심부는 12이맘 시아파 부예조에 고스란히 잠식되었죠. 이처럼 비록 파는 다소 다르지만, 시아파가 무슬림 세계를 장악한 10세기를 시아 전성시대라고 부릅니다.

파띠마 칼리파조는 909년 오늘날 튀니지에서 시작해 969년 이집트를 정복했습니다. 오늘날 이집트의 수도 카이로는 이들이 세운 도시죠. 또한 자타공인 현대 순니 세계 최고 교육기관인 알아즈하르(Al-Azhar)를 세웠고요. 970년 모스크로 건설되었다가 972년부턴 교육기관으로도 사용되었습니다.

10세기 시아 전성기를 튀르크족이 깨뜨립니다. 순니 이슬람으로 개종해 중앙아시아에서 중동 심장부로 치고 내려온 셀축 튀르크가 1055년 바그다드에서 12이맘 시아파 부예조를 축출했고, 이집트와 시리아를 차지하고 있던 7이맘 시아파 파티마 칼리파조의 명은 반(反)십자군의 영웅이자 셀축 제국의 장군이었던 살라훗딘이 1171년에 끊어버렸죠.

중간 시대는 몽골군의 1258년 바그다드 점령 전후로 나뉘는데, 점령 전에는 페르시아 문화가 부흥했고 후기에는 몽골이 세운 일한국 등 여러 몽골 통치령이 무슬림화하면서 이슬람 세계가 더욱 넓어졌습니다. 3제국 시대에는 세 개의 제국, 즉 오스만 튀르크(Osman Türk), 사파비(Safavid), 무갈(Mughal)이 무슬림 세계를 다스렸습니다. 오스만 튀르크는 1453년 동로마 제국의 수도 콘스탄티노폴리스를 함락해 전통적인 그리스도교 문화권을 흡수했고 중동, 북아프리카, 동유럽 등 가장 넓은 영토를 다스렸습니다. 사파비는 지금의 이란 지역을 중심으로 페르시아 문화권을 통치했는데, 이란을 시아파로 개종했죠. 무갈은 인도 대륙을 장악했는데, 소수의 무슬림이 다수의 비무슬림을 다스리는 형태의 제국이었습니다.

3제국 시대와 근현대기의 분기점은 1798년 나폴레옹의 이집트 알렉산드리아 침공입니다. 예루살렘에 집중했던 십자군 전쟁과는 달리 서구의 본격적인 중동 정복을 의미하죠. 유럽과 지중해 세계를 벌벌 떨게 했던 강력한 오스만 제국이 1683년 제2차 오스트리아 빈 포위 공략 실패 후 쇠락의 길을 걸었고, 패배 후 체결한 1699년 카를로비츠 조약은 오스만 제국이 약자로서 서명한 역사적인 조약으로 제국 패망의 서곡이었습니다. 유럽은 오스만 제국을 유럽의 병자로 불렀죠. 병자는 스스로 치료할 능력이 없으니 유럽이 의사가 되어 병을 고쳐줘야 한다는 말로, 제국 해체를 시도합니다.

제1차 세계대전 패전으로 오스만 제국은 쇠락해 지금의 튀르키예만 남기고 영토를 모두 서구에 빼앗깁니다. 한편 튀르키예는 1923년 세속주의 공화국으로 태어났죠. 근현대 무슬림 세계는 서구의 지배를 벗어나 오늘날 독립 국가로 거듭났고요. 서구의 지배를 직접 받지 않은 국가는 튀르키예, 이란, 사우디아라비아, 아프가니스탄뿐입니다.

6장

역사를
제대로
들여다보는 법

역사학자가 역사를 읽는 법이란

허준　　　　'역사'라는 학문을 보면 너무 쉬운 측면이랄까, 그런 측면이 있는 것 같습니다. 발견된 사료로 연구를 하는데, 하루 만에라도 인류 역사의 모든 게 완전히 뒤바뀔 수 있잖아요. 안 그런가요?

박현도　　　　그 부분에서 설전이 가장 많이 오가는 게 '종교사'입니다. 예를 들면 예수가 태어난 날은 아무도 모르죠. 추정만 할 뿐

하기아 소피아(Hagia Sophia)의 모자이크, 〈전능하신 그리스도〉

입니다.

일반적으로 예수가 태어난 해를 서기 1년이라 하고 12월 25일을 예수의 탄신일이라고 하지만, 또 베들레헴에서 태어났다고 하지만 교회에서 받아들이는 사항이고 역사학자는 받아들이지 않습니다.

역사학자는 예수가 기원전 4년에서 7년 사이에 태어났을 거라고 보죠. 크리스마스는 나중에 만들었고요. 로마의 동짓날이잖아요. 예수를 태양신에 대입해 만든 날이죠.

그리고 예수는 사실 나사렛에서 태어났지만 베들레헴에서 태어날 수밖에 없습니다. 당시 유대인이 기다리던 메시아(Messiah)는 고대 이스라엘의 제2대 왕인 다윗(David)의 후손이어야 해요. 다윗의 고향이 바로 베들레헴이고요.

『구약성서』「미가서」5장 2절에 이렇게 적혀 있어요. "베들레헴 에브라다야, 너는 유다 족속 중에 작을지라도 이스라엘을 다스릴 자가 네게서 내게로 나올 것이라." 그러니 메시아인 예수는 베들레헴에서 태어나야 했죠.

그리고 역사학자들 중에서 역사적 예수를 가장 먼저 말한 사람이 누군지 알면 깜짝 놀라실 거예요. 이름만 들으면 누구나 다 알 만한 분인데, 의사라고만 알고 있겠지만 신학자이자 역사학자이기도 합니다. 그래서 '나도 이분처럼 위대한 의사가 될 거야' 하고 생각하는 의사 지망생들이 많을 거예요. 바로 알베르트 슈바이처(Albert Schweitzer)입니다.

이분이 굉장히 신실한 신앙인이었어요. '내가 존경하고 사랑하고 숭배하는 우리 주 예수 그리스도께서 인간으로서 어떻게 태어나 어떤 삶을 살았는지 알고 싶다'라고 해서 예수의 역사를 연구하기 시작한 거죠.

그런데 환영을 받긴커녕 엄청나게 비난을 받았어요. 예수의 역사라니, 무슨 말도 안 되는 소리를 하냐고 말입니다. 역사학자들이 선구자의 길을 걷는 건 굉장히 어려워요.

허준   그러면 누군가가 이를테면 "예수가 7월 4일에 태어나는 걸 내가 봤어. 진짜 봤다니까." 했는데 "이게 완성이 안 되는데… 입을 찢어버려!"라고 할 수도 있는 거네요? 예수는 그때 그곳에서 태어나야 하는 거니까요.

곽민수   그렇게 되면 더 이상 역사의 영역이 아니고 정치의 영역인 거죠. 특정 역사 사례로 뭔가를 단정적으로 말하는 역사학자가 있다면, 그는 더 이상 역사학자가 아닙니다. 정치학자입니다.

박현도   역사학자들은 각 문화권의 독특한 숫자를 들여다봅니다. 예를 들어 중동의 경우 '40'이에요. 40은 굉장히 독특한 숫자예요. 노아(Noah)의 대홍수가 40일 동안 계속되었고, 모세는 약속의 땅 가나안(Canaan)으로 들어가고자 히브리 백성들을 이끌고 광야에서 40년 동안 유랑하죠. 또 예수가 광야에서 며칠 동안 금식 기도를 하나요? 40일입니다. 이슬람교의 창시자 무함마드는 몇 살에 예언자가 되었을까요? 40살입니다. 그때 무함마드 아내가 몇 살이었을까요? 역시 40살이죠. 40은 완성의 숫자입니다. 그런데 딱 거기까지예요. 거기서 역사를 읽을 순 없죠.

역사학자가 역사 영화를 봤을 때

허준　　　영화 즐겨 보시나요? 아무래도 역사학자이시니까 주로 역사에 관련된 영화를 보시나요? 영화 볼 때면 '잠깐만, 저건 고증이 잘못되었는데' 하면서 보시나요?

박현도　　　저는 영화를 즐기는 편은 아니에요. 와중에 제가 영원히 좋아하는 영화가 딱 두 편 있습니다. 롤랑 조페(Roland Joffé) 감독의 1986년작 〈미션(The Mission)〉과 주세페 토르나토레(Giuseppe

Tornatore) 감독의 1988년작 〈시네마 천국(Cinema Paradiso)〉이죠. 둘 다 1980년대 작품이네요. 칸 영화제와 미국 아카데미 시상식에서 상을 받기도 했고요. 최고의 명작들입니다.

특히 〈미션〉은 제가 많은 걸 생각하게 한 영화예요. 영화에 계속 나오는 주제, '그리스도교의 본질은 무엇인가'. 그리고 종교를 초월하는 사랑의 실천을 묻고 인류애를 다루기도 합니다. 죽음의 위기에 직면한 원주민들을 지키고자 폭력과 비폭력 사이에서 어떤 선택을 할 것인지, 어떤 선택이 맞는지 끊임없이 되묻죠.

곽민수   저도 영화를 엄청 즐기는 편은 아니에요. 그래도 이집트와 관련된 영화들은 열심히 챙겨보려 노력하는 편이죠.

그중에서도 스티븐 스필버그(Steven Spielberg) 감독의 '인디아나 존스(Indiana Jones)' 시리즈를 좋아합니다. 특히 1981년작 1편 〈레이더스(Raiders of the Lost Ark)〉를 좋아하고요. 1편의 배경이 이집트라서 '타니스'라는 유적이 중요하게 다뤄집니다.

그리고 최근에 열심히 본 영화들도 대부분 이집트와 관련이 있어요. 그런데 재미가 떨어지는 경우도 있고 문제의식을 느끼는 경우도 있더라고요.

이를테면 '인디아나 존스' 시리즈의 정신적인 후속작이라 할 '미이라' 시리즈는 너무 피곤했습니다. 허준 MC께서 말씀하셨듯 '잠깐만, 저건 고증이 잘못되었는데' 하는 부분이 너무 많더라고요.

영화 〈미이라〉의 한 장면.
사실과 달리 쇠똥구리가 굉장히 부정적인 존재로 그려진다. ⓒUPI 코리아

영화를 보면 풍뎅이가 인간을 공격하잖아요. 정확하게 말하면 쇠똥
구리죠. 쇠똥구리가 굉장히 부정적인 존재로 그려지는데, 사실 고대
이집트 지역의 맥락에선 굉장히 긍정적인 존재입니다. 태양신을 상
징하는 곤충이 바로 쇠똥구리예요.

쇠똥구리가 쇠똥을 굴리잖아요. 바로 그 똥의 모양이 동그랗기 때문
에 태양의 이동과 관련 있다고 생각한 거죠. 또 쇠똥구리가 쇠똥 안
에 알을 낳잖아요. 바로 거기서 새 생명이 탄생하기 때문에 쇠똥구
리가 탄생과 부활의 의미로도 쓰였던 겁니다. 고대 이집트를 소재로

한 영화인데 정작 고대 이집트 문명과 문화에 대한 존중을 거의 찾아볼 수 없어요. 저는 굉장히 큰 문제의식을 느낍니다.

지난 2022년에 공개한 디즈니플러스 오리지널 드라마 시리즈 〈문나이트〉를 보면, 슈퍼히어로물이지만 이집트 신들이 주요 캐릭터로 등장해요. 콘슈(Khonshu), 암미트(Ammit), 타웨레트(Taweret)가 대표적이죠.

그런데 이집트 역사 덕후인 주인공이 알렉산드로스 대왕 유골의 턱을 다 뜯어버려요. 뭘 꺼내려 한다는 이유만으로요. 실제 덕후라면 절대로 그렇게 할 리가 없을 겁니다. 그리고 이집트 신들이 싸우는데 피라미드를 다 부숴버려요. 그게 말이 될까요? 할리우드가 보여주는 특성이라고 하지만 고대 이집트 문명과 문화에 대한 존중이 전혀 느껴지지 않아 안타깝습니다.

역사학자가 야사를 대하는 방식은

허준   역사학자들은 항간에 떠도는 얘기, 즉 야사(野史)도 의미 있게 들여다보시나요? 야사라고 하면 민간에서 사사로이 기록한 역사이지 않나 싶어서요.

곽민수   야사도 대부분 나름의 근거를 갖고 있습니다. 그렇기에 야사에 대해 말할 때는 근거로 사용된 정확한 기록에 대해 언급하고 그것이 역사적 사실인지는 분명하지 않다는 말을 덧붙여야 하죠. 사료에 기록이 적혀 있더라도 그 자체가 역사적 사실로 확정되는 건 아니니까요. 사료는 하나뿐이어도 고고학적 정황이나 물리적 정황들이 사료를 뒷받침하면 어느 정도는 역사적 사실로 판단할 수 있긴 합니다.

대표적인 사례가 피라미드 건축술과 관련된 가설이에요. 1990년대 장 피에르 우뎅(Jean-Pierre Houdin)이라는 프랑스 공학자가 그럴싸한 가설을 내놓았습니다.

대피라미드를 지을 때 상단부에 어떻게 돌을 쌓느냐가 가장 큰 이슈인데, 경사로를 만든다는 가설이 있었지만 경사로의 흔적이 물리적으로 확인되지 않고 또 상단부의 경우 경사로의 길이가 너무 길어지기 때문에 설득력이 없다는 견해가 많았죠.

그래서 대안으로 우뎅이 제안한 피라미드 내부에 나선형의 레일을 깔아 돌을 옮겼다는 가설이 힘을 얻었습니다. 공학적으로도 설득력이 있고 또 시뮬레이션 상으로도 충분히 가능한 가설이었어요. 일명 '내부 경사로 가설'이죠. 널리 지지를 받았습니다.

2015년에 프랑스, 독일, 캐나다, 일본 등의 전문가들과 함께 '스캔 피라미드 프로젝트(Scan Pyramid project)'라는 이름의 조사를 시작했고 2016년에 대피라미드 북쪽면 뒤에서 비밀 공간을 찾은 데 이어 2017년에는 여왕의 방에서 아래로 이어진 대회랑 위에서 비슷한 규모의 공간을 찾았습니다.

X-ray를 찍는 것처럼 피라미드 전체를 스캔하는 건데요, 우주에서

떨어진 우주 입자 뮤온(muon)을 사용합니다. 피라미드 내부에 감광판(感光板, 빛을 받았을 때 화학적 변화를 일으키게 하는 물질을 바른 유리판이나 셀룰로이드판)을 설치하면 뮤온이 매질(媒質, 파동 또는 물리적 작용을 공간적으로 전달하는 매개물)의 종류와 밀도에 따라 통과 방식이 달라져 뮤온 입자의 움직임을 통해 피라미드 내부에 무엇이 들어 있는지 확인할 수 있다는 거죠.

그런데 프로젝트를 통해 확보한 대피라미드 내부 이미지상으로는 내부 경사로가 없었습니다. 그렇게 피라미드의 내부 경사로 가설은 더 이상 정설로 받아들이지 않게 되었죠.

역사학자가 음모론에 접근하는 법

허준　　　역사학자들은 음모론(Conspiracy Theory)에 어떻게 접근하시나요? 앞서 말씀하신 야사에 접근하는 방식과 유사할 것 같습니다만. 궁금하네요.

곽민수　　　음모론이라는 게 원인을 알 수 없는 사건이나 현상이 발생했을 때 그 원인에 대해 개인이나 집단이 의도적으로 또 비밀리에 공모한 거라고 확신을 가지고 펼치는 설명이죠. 물론 음모론적 설명들은 대체로 정확하지 않습니다.

대표적으로 이집트의 피라미드를 외계인이 만들었다는 식으로 설명하는 음모론이 있습니다. 물론 피라미드가 외계인의 산물일 수도 있겠지만, 그동안 이뤄진 연구들은 이집트의 피라미드는 외계인이 만들지 않았고 인간의 제작품일 가능성이 훨씬 더 크다고 설명합니다. 대부분의 학자들은 단정적으로 말하지 않고 대신 "피라미드를 외계인이 만들었다고 추정하는 건 합리적인 판단이 아니다"라는 식으로 말하죠. 연구자들은 대체로 음모론 자체보다 음모론이 탄생하고 유통되는 배경에 관심을 갖습니다.

사실 피라미드 외계인 제작설에는 인종차별적인 의식이 깔려 있어요. 이를테면 서구인들이 처음 이집트에 가서 피라미드를 보니 너무나 엄청난 겁니다. 그런데 당시 이집트인들이 사는 걸 보니 '얘네들이 우리보다 못한데 어떻게 얘네들의 조상이 이렇게 엄청난 걸 만들 수 있어? 그럴 리가 없지. 이 위대한 창조물을 만든 존재가 분명 따로 있을 거야.' 하고 멋대로 결론을 내린 상태에서 이것저것 부연 설명을 갖다 붙였던 거죠.

그래서 가정된 존재가 외계인 혹은 초고대 문명이에요. 예컨대 남극 대륙에 이집트나 메소포타미아 문명보다 훨씬 더 오래된 초고대 문명이 있었는데 몰락하고 이집트로 이주해서 피라미드를 만들었다는 식이죠.

역사학자가 짜릿함을 느낀 순간들

허준　　　　생각해보면 역사는 최소 몇백 년에서 최대 몇만 년, 몇백만 년까지 다루지 않습니까? 시간을 거슬러 연구하는 것에 어려움이 많을 것 같아요. 그런 한편 짜릿했던 순간이나 희열을 맛본 순간이 있으신가요?

강인욱　　　　유물을 볼 때 가장 행복한 것 같습니다. 사실 무덤 속 해골 옆에 있는 황금 유물을 보고 있노라면 '인생 뭐 있나, 황금 갖고 있어봤자 죽으면 끝인데'라고 생각하곤 하죠. 그러다가 현실로 오면 이른바 현타가 와요. 잡무에, 카드값에... 다들 공감하실 거예요. 살아간다는 게 쉬운 사람은 없을 겁니다. 그러다 보니 무덤 속에서 삽으로 흙을 퍼내고 붓질할 때면 현실을 거의 잊는 것 같습니다. 고고학의 가장 큰 매력이기도 한데요, 현장에 있을 때면 세상 걱정을 하지 않습니다. 되게 단순해지는 것도 같고요. 물론 요즘에는 현장에 있는 시간이 적어지고 있습니다만, 그래도 속세를 떠나 유물과 대화하는 그 시간이 가장 행복한 것 같습니다.

고고학이 주는 가장 큰 즐거움은 앞으로 무엇이 나올지 모른다는 거예요. 언제나 새로운 유물이 기다리고 있죠. 영화 〈포레스트 검프(Forrest Gump)〉의 초콜릿 상자처럼요. 이 안에 무엇이 있을지 아무도 몰라요. 항상 기대하며 희망에 부풀어 오릅니다. 게다가 현장에서 발굴한 유물은 언제나 특별해요.

인간은 감촉을 느끼며 살지 않습니까. 흙의 냄새, 유물의 감촉은 직접 발굴하지 않으면 느끼기 힘들어요. 그런데 유적지에 막상 가보면 별거 없는 경우가 대다수죠. 그렇지만 아무것도 없어도 꽝이라고 표현하진 않습니다. 다 썩어 없어지고 지금은 남아 있는 게 없어요. 그럴 때면 없는 것 나름대로 다시 찾는 게 재밌습니다.

저도 황금을 몇 번 찾았는데요, 영화 보면 "아! 눈부셔!" 하면서 반응하는데 실제로는 온몸의 털이 곤두설 정도로 긴장하면서 작업합니다. 황금이 두껍거나 크지 않고 굉장히 얇아요.

이를테면 나무에 얇게 금박을 입힌 것처럼 말이죠. 그러니 조금만 잘못해도 깨질 수 있어요. 그때는 오직 이걸 제대로 발굴하고 보존해서 갖고 가는 것밖에 생각하지 않습니다. 개인적으로 대단한 유물이 나오면 마냥 좋지만은 않아요. 걱정부터 되니까요. 혹시라도 내가 이걸 훼손할까 봐.

곽민수   저도 한국과 영국, 그리고 이집트에서 꽤 많은 발굴 작업에 참여했지만 엄청 귀한 유물을 발굴한 적은 없습니다. 다만 잊을 수 없는 순간들은 종종 있었죠.

그 가운데 가장 인상적이었던 순간은 이집트 북부 가르비야주 나일강 델타 지역의 유적지 사이스에서 발굴할 때 경험했습니다. 그곳에서 발굴한 건 고대 이집트 신왕국 제19왕조, 제20왕조 시대 때의 주거지 유적이에요.

그 주거지 발굴 중에 어느 날 토제(土製)로 만들어진 코브라 머리를 하나 찾았어요. 사실 코브라 머리는 그 지역에서 굉장히 흔한 유물이에요. 아주 특별할 게 없는 유물이었죠. 그런데 저로선 오랫동안 꿈꿨던 이집트에서 처음으로 발굴을 하고 있는 상황이었기에 그 발견의 순간이 너무 기뻤습니다. 그 순간을 평생 잊지 못해요. 온몸에 소름이 돋았고 심지어는 소리를 지르고 싶은 기분도 들었죠.

확실히 유물의 감촉은 다릅니다. 트롤 끝에 뭔가 탁 걸리는 순간이 있어요. 그래서 자세히 살펴보니 그 지역에서 자주 출토되는 코브라

'죽음을 먹는 자' 암무트.

머리였던 거죠. 그리고 인위적으로 훼손된 모양새였어요.

고대로부터 코브라는 굉장히 무서운 동물이었고 아마도 그래서 코브라로부터 사람을 지키기 위한 주술적 용도로 코브라상을 부순 게 아닐까 싶습니다. 사례를 이미 알고 있었기 때문에 대략의 형태를 보는 순간 '아, 이거다!' 하고 직감하곤 온몸에 소름이 돋았던 거죠. 고대 이집트인들은 어떤 대상이 실제 이미지를 갖게 되면 그 자체로 힘을 갖는다고 생각했어요. 그래서 굉장히 무서운 신들, 일종의 악신들을 시각적으로 표현할 때면 오히려 귀엽게 그리고 보잘것없이 그렸습니다. 신전 벽화나 부조, 파피루스의 그림을 보면 알 수 있죠.

일례로 암무트라고 하는 괴물이 있는데 이름 자체가 '죽음을 먹는 자'를 뜻합니다. 암무트의 머리는 악어, 몸의 앞쪽은 사자, 몸의 뒤쪽은 하마예요. 고대 이집트인이 가장 무서워하던 동물들이죠. 최후의 심판을 받을 때 이집트인들의 심장 무게를 재서 죄인으로 판명 나면 그 심장을 암무트가 먹어버립니다. 그러니 고대 이집트인들이 가장 두려워하는 존재일 수밖에 없는 거죠. 그런데 그들이 그린 암무트를 보면 강아지처럼 아주 귀여워요.

박현도　　　　저는 땅을 파지 않습니다. 대신 다른 데서 희열을 찾아요. 이를테면 수수께끼 같은 단어의 어원을 찾았을 때 그 통렬함은 이루 말할 수가 없죠.

무함마드가 예언자 소명을 받았을 때 '타한누스'라는 걸 했다고 합니다. 그런데 이 단어가 무슨 뜻인지 몰라요. 8세기, 9세기에도 수많은 학자들이 답을 내리지 못했어요. 찾아보니까 히브리어에 '테힌노스'라는 말이 있어요. 그래서 히브리어가 먼저 탄생했으니 타한누스는 곧 테힌노스일 거라고 생각했죠. 그런데 알고 보니 타한누스보다 테힌노스가 더 나중에 생겼어요. 그렇게 타한누스라는 단어는 영원히 미궁에 빠졌습니다.

그런 식으로 어원을 찾은 작업을 하다가 찾아내면 그야말로 만세를 부릅니다. 저는 거기서 가장 큰 희열을 맛봐요.

역사 속 역사학자들의 씁쓸한 이면

허준　　　　헤로도토스를 서구에선 '역사의 아버지'라고 부르지 않습니까? 영어로 '역사'를 뜻하는 'history'가 그의 저서 제목에서 비롯되었다고 할 정도니까요. 말 그대로 서구에서 '역사'라는 개념을 만들어낸 사람이죠. 그런데 그가 기술한 내용을 들여다보면 오류가 상당히 많다던데요.

박현도　　　　말씀하셨듯 헤로도토스가 남긴 말이 그렇게 믿을
만하진 않습니다. 흔히 역사가를 생각할 때 헤로도토스를 떠올리는
데, 그럴 수밖에 없는 게 그 옛날 아무도 하지 않던 일을 하지 않았
겠습니까. '기록'을 남겼으니까요. 그래서 지금 우리가 그의 기록에
많은 걸 의존할 수밖에 없겠죠.

저는 가장 위대한 역사가로 '아부 야파르 무함마드 이븐 자리르 앗
따바리'를 뽑습니다. 무슬림이고 9세기에 태어나 10세기에 돌아가
셨어요. 존경스러운 부분이 뭐냐 하면 인품입니다. 저도 그런 분을
스승으로 모셔본 적이 있는데, 은사님은 제자들이 선물을 주면 갖고
계시다가 다른 제자가 선물을 주면 그 제자한테 줍니다. 선물을 순
환하는 거죠. 따바리가 바로 그런 사람이었어요. 겸허했죠.

또 그는 '카더라'를, 즉 추측을 하지 않았습니다. 그에게 수많은 정보
가 들어오지 않았겠어요? 그는 일단 있는 그대로, 자기가 들은 그대
로 적습니다. 그러곤 '오로지 신만이 아신다'면서 결론을 내리지 않
았어요. 자신의 영역이 아니라는 거죠. 자신은 역사가로서 여러 가
지 의견을 정확하게 기록할 뿐이라는 겁니다.

심지어 그는 무슬림이지만 무함마드한테 불리하기 짝이 없는 기록
도 많아요. 전부 있는 그대로 기록해서 후대에 전했습니다. 평가는
후대에 맡기겠다는 거죠. 존경하지 않을 수 없는 역사가예요. 정작
무슬림들은 좋아하거나 존경하지 않을 수도 있겠지만 이슬람을 공
부하는 사람들은 모두 그를 가장 존경할 겁니다.

헤로도토스 흉상.

곽민수   헤로도토스의 경우 고대 이집트에 관해 굉장히 자세한 기록을 남기긴 했지만 오늘날 이집트와 관련해 떠돌아다니는 여러 가짜 뉴스의 원천이 되는 경우가 많습니다.

예를 들면 이런 건데요, 어떤 파라오가 공주를 성매매시켜 벌어들인 돈으로 피라미드를 세웠다는 이야기도 그의 기록에서 찾을 수 있는데 설득력이 없는 얘기죠. 그리고 피라미드와 관련해 헤로도토스가 한 얘기 중 널리 퍼져 있는 게 피라미드를 건설한 노동자들에게 식량으로 마늘과 양파를 공급했다는 겁니다. 정확히는 피라미드가 있는 기자에 가면 노동자들이 마늘과 양파를 공급받았다는 기록이 있다는 식으로 얘기를 했습니다.

물론 고대 이집트에서 마늘과 양파가 중요한 영양 공급원이었던 건 사실이에요. 그렇지만 피라미드 건설 노동자들이 그런 식량을 공급받았는지 여부는 분명하지 않아요. 헤로도토스의 기록 말고는 근거가 전혀 없죠.

명확한 근거가 나오기 전까진 '카더라'일 뿐이지 않습니까. 그런데 요즘 고대 이집트를 다루는 여러 매체에서 피라미드 건설 노동자들이 마늘과 양파를 먹고 피라미드를 지었다는 식으로 보도하는 경우가 많습니다.

문명 기원 이론이 바뀌어야 하는 이유

허준　　　"내가 이거 할 때 도대체 넌 뭐 했어?"라고 말하면 서 유치하게 싸우는 경우가 있지 않습니까? 인류 역사를 돌아보면 서로 그런 말을 할 만한 게 많을 것 같은데요. 이를테면 고대 이집트 에서 피라미드를 만들었을 때 다른 곳에선 뭘 만들었을까요?

곽민수　　　고대 이집트에서 피라미드가 최초로 지어진 시점 은 대체로 기원전 2700년경입니다. 조세르(Djoser)의 계단식 피라미드가 첫 번째 피라미드라고 하죠. 조세르는 고대 이집트 고왕국의 첫 번째 왕조인 제3왕조의 파라오였고요.

그리고 가장 유명한 쿠푸(Khufu)의 대피라미드가 그보다 120~130년 후에 지어집니다. 기원전 2570년경이고요, 쿠푸는 고대 이집트 고왕국 제4왕조의 파라오였습니다.

그때를 전후해 유럽에선 미노아 문명이 꽃을 피우고 있었는데요, 크레타섬에서 고대 이집트 계통의 유물들이 상당히 많이 출토되고 있습니다. 이집트에서도 크레타인이나 미케네인을 그린 유물이 출토되고 있고요. 이를테면 이집트로 조공을 바치러 오는 모습이죠.

1만 3천 년 전 석기 시대의 괴베클리 테페 유적.

강인욱   이집트와 메소포타미아를 인류 문명의 기원 내지 모든 것이라고 생각하지만 발굴할 때마다 모든 요소가 기존에 이미 나와 있다는 걸 알아차립니다.

이집트 문명과 미노아 문명에서 약간만 넓혀 아나톨리아 반도와 튀르키예까지 보면 1만 3천 년 전의 '괴베클리 테페(Göbekli Tepe)'가 있죠. 튀르키예어로 '배불뚝이 언덕'이라는 뜻인데 튀르키예 남동쪽 샨르우르파도 외렌직군에 있는 석기 시대의 유적입니다. 1963년에 알려졌고 1994년부터 2014년까지 발굴 조사를 이어갔죠.

이곳 사람들은 마을도 없이 떠도는 사냥꾼들이었어요. 가끔 모여 돌을 쌓는데 T자형으로 윗부분을 좀 높였죠. 4m, 5m짜리 돌들을요. 그 위에 조각을 했고요. 일종의 신전이었는데 특별한 기술도 없었습니다. 이후 약 8천 년 후에 이집트 문명이 태동한 겁니다.

곽민수   그때 이집트는 신석기 시대였죠. 강인욱 교수님께서 말씀하신 아나톨리아 동부 지역에서 학자들이 발굴 작업과 함께 연구를 계속하고 있어요. 그 결과 그 지역에서 신석기 시대에 어울리지 않지만 분명히 신석기 시대로 편년되는 유적과 유물들이 다수 확인되고 있습니다. 다만 그런 유적과 유물을 만든 사회가 당시 어떤 모습을 하고 있었는지 아직 불분명하죠. 그럼에도 조사가 계속되어 조금 더 많은 걸 알면, 전통적으로 말하는 '문명의 기원은 이집트다, 메소포타미아다'라고 하는 이론들은 바뀌어야 할 겁니다.

강인욱　　　'4대 문명(메소포타미아, 인더스, 이집트, 황하)'이라는 게 사실 80여 년 전에 나온 구식 이론입니다. 구석기 시대에 이미 문명이라는 씨앗은 뿌려졌고 그중에는 빨리 싹이 텄다가 진 곳도 있는 반면 뒤늦게 아주 큰 나무로 자란 곳도 있는데, 이집트가 아주 크게 자란 나무라면 그 이전에 사방에서 이미 많은 나무가 자라고 있었다고 말할 수 있겠습니다.(참고: 강인욱, 『테라 인코그니타』, 창비, 2021.)

고대 도시와 문명이 형성되는 기준

허준　　　‘도시’‘문명’ 등을 탄생하는 기준이 따로 있을까요? 이를테면 물이 필요하다든가 산이 필요하다든가 동물이 필요하다든가 사람이 필요하다든가 할 때 어느 정도를 갖춰야 한다는 기준 말이죠.

곽민수　　　고대 이집트는 조금 특이한 게 전통적인 의미의 도시가 없는 상태로 문명이 탄생했습니다. 그래서 이집트 문명을 두고 '도시가 없는 문명'이라고도 하죠.

예를 들어 메소포타미아 문명의 경우 인구가 한 지역에 밀집해 정주하기 시작하면서부터를 문명의 기원으로 삼는 데 반해 이집트 문명은 이집트 전체가 하나의 통일 국가로 만들어질 때를 문명의 기원으로 삼아요.

그 이전에도 당연히 정치체제가 있었지만 놀랍게도 정치적 중심지들이 일반적인 의미의 도시 형태는 아니었습니다. 그런 만큼 고대 이집트는 나일강을 따라 선형으로 형성된 문명이라고 말씀드릴 수 있겠습니다.

강인욱 　　　페루에도 '차빈 문화(Chavín culture)'라고 해서 기원전 1500년부터 발달된 문명이 있었고 멕시코에는 '올멕(Olmec)'이라고 해서 역시 기원전 1500년부터 발달된 문명이 있었습니다. 중남미(라틴아메리카 및 카리브해 국가를 포함하는 아메리카 대륙의 지리적 지역)에 있는 문명들은 구대륙과 달리 밀림 속에 숨어 있듯 위치했기 때문에 서로 고립되어 각자 발달했습니다.

그러니까 '도시' '문명'이라는 걸 한 단어로 기준 짓고 또 규정지을 수가 없어요. 각자의 환경에 맞춰 만들기 때문이죠. 환경과 지리 조건에 반해 만든 도시와 문명은 없습니다.

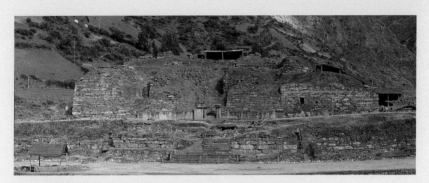

위. 차빈 문화 유적지,
아래. 올멕 유적지의 무덤.

아리아인을 둘러싼 이상한 이야기

허준　　　　　많은 분이 알고 계실 것 같은데, 저는 굉장히 놀란 사실이 하나 있습니다. '이란'이라는 이름이 '아리아인의 나라'라는 뜻을 갖고 있다는 사실 말이죠. 그런데 아리아인 하면 나치독일의 히틀러가 "우리 게르만족은 아리아인의 순수혈통"이라고 설파했던 게 떠오르지 않습니까. 처음 알았을 때 뭔가 이상하다고 생각했어요.

박현도   히틀러가 그렇게 주장한 말이 틀린 건 아닙니다만, 그들이 말하는 아리아인에 정작 이란 사람은 들어가지 않는 게 잘못이죠. 핵심인 이란 사람은 쏙 빼고 자신들이야말로 아리아인의 순수혈통이라는 주장이었죠. '아리안'이라는 말이 어디서 나오는 거냐면, 페르시아 쐐기문자의 '아르야'입니다. '고귀한'이라는 의미를 가져요.

그렇다면 아르야가 누구냐가 중요할 것 같습니다. 수천 년 전 지금의 아시아와 유럽의 경계를 이루는 캅카스 산맥 근처에 인도유럽어를 쓰는 무리가 유럽과 이란으로 나뉘어 들어갔습니다. 이란 쪽에서 인도로 더 들어갔고요. 그래서 고대 인도와 고대 이란은 언어가 동일했습니다.

재밌는 건 이란에선 아르야라는 말을 '고귀한, 고상한'이라는 의미로 썼고 인도에선 계급 용어로 사용했다는 거예요. 그래서 추측건대 이란으로 들어간 사람들은 원주민을 정복하지 않았고 인도로 들어간 사람들은 원주민을 정복한 게 아닌가 싶은 거죠. 그렇게 아르야에서 나온 게 바로 이란입니다. 이란 사람들, 이란어 계통을 쓰는 사람들은 쭉 이 말을 써왔어요.

그런데 그리스인들이 '페르시아'라고 부르는 바람에 분열이 일어난 거죠. 나라 안에선 아리아고 이란인데 나라 밖에선 2천 년 동안이나 페르시아라고 불렀으니까요. 그랬던 것이 1935년 이란 팔라비 왕조의 초대 샤(왕) 레자 샤 팔라비(Reza Shah Pahlavi)가 국호를 페르시아

이란 팔라비 왕조의 초대 샤
레자 샤 팔라비.

에서 이란으로 통일합니다.

그런데 문제가 생깁니다. 우리도 우리를 이란이라고 부르고 밖에서
도 우리를 이란이라고 불러 달라고 했는데, 인식의 단절이 생기는
겁니다. 밖에선 '오랫동안 페르시아라고 불러왔는데 갑자기 이란은
뭐야?'라며 혼란스러워할 수 있는 거죠.

그래서 1959년에 위원회를 열어 "우리는 이란이라고 쓰되 밖에서
우리를 이란이라고 부르든 페르시아라고 부르든 내버려 둡시다"라
는 결론을 도출했어요. 페르시아를 이란으로 바꾸려는 시도를 하면
할수록 이란 밖에선 서로 다른 걸로 알기 때문에 그냥 놔둔 거죠.

그런가 하면 페르시아가 신비로운 느낌을 주는 한편 이란은 폭탄 터질 것 같은 느낌을 주지 않습니까. 이미지가 그렇게 정립되었어요. 이게 문제시되면서 현 이란 정부를 싫어하고 반대하는 사람들이 페르시아를 강조하고 추앙하는 경향이 있습니다. 페르시아가 과거의 영광을 상징하니까요. 그렇게 반체제 문제까지 가는 거죠.

인류 역사상 다양한 신분제에 대하여

허준   역사를 보면 지금처럼 수평적 사회 혹은 평등을 지향하는 사회가 된 게 정말 얼마 안 되었잖아요? 인류 역사에서 아주 짧은 시기인 것 같고요. 이전까진 오랫동안 신분제 사회였지 않습니까. 이에 대해 어떻게 생각하시나요?

곽민수   고대 이집트의 경우 의외로 신분제가 명확하게 나타나 있지 않습니다. 고대 이집트의 귀족들은 보통 자신의 무덤에 자전적인 기록을 남겼는데요. 그 기록이란 게 이를테면 '내가 흙수저였는데 내 능력만으로 여기까지 이르렀다'라는 식입니다.

대표적인 사례가 고대 이집트 제6왕조의 '웨니(Weni)'인데요, 그의 자수성가 이야기가 유명합니다. 물론 그 기록이 전적으로 사실일 가능성은 분명하지 않지만 적어도 당시 밑바닥에서부터 귀족층까지 올라가는 게 어느 정도는 가능했을 것이다, 사회적인 미덕이었을 것이다 하는 인식이 있었다는 걸 알 수 있습니다. 설령 굉장히 좁은 사다리였다고 해도 말이죠.

그리고 하층민의 삶이 어땠는지 정확히 알 순 없지만, 중위층의 삶에 대해선 굉장히 구체적으로 확인할 수 있는 기록이 확인됩니다. 중위층은 비교적 자유롭게 살았던 것으로 보입니다.

신분 상승의 기록도 확인되는데 '내가 능력을 발휘하니 폐하께서 어여삐 보시고 나를 이 직위에 올려주셨다' 하는 식입니다. 실제로 고대 이집트 제18왕조의 파라오 하트셉수트(Hatshepsut) 시대 때

고대 이집트 제6왕조의 웨니.

'세넨무트(Sennenmut)'라고 하는 사람이 총리까지 역임했는데, 배경이 전혀 없는 출신으로 확인되고 있습니다. 하급 평민 출신이었죠.

박현도　　　우리나라 역사를 보면, 18세기에 천주교가 들어옵니다. 1784년을 시작으로 보는데, 그때 기록을 보면 양반과 비(非)양반 사이의 신분 격차가 얼마나 컸는지 일명 '천주학쟁이(가톨릭교도를 속되게 이르는 말)'들의 표현에 나옵니다.

"나에겐 천국이 두 개 있다, 죽어서 갈 천국과 지금 바로 여기."라고 말이에요. 상놈 입장에서 어떻게 양반과 호형호제하면서 지낼 수 있냐는 거죠.

당시 조선에 천주교가 처음 들어왔을 때 '평등'을 논합니다. 그런데 양반과 상놈(신분이 낮은 남자를 낮잡아 이르던 말)의 차이라는 게, 상놈은 양반을 쳐다볼 수 없습니다. 같은 방에 앉아 있을 수가 없어요. 그런데 천주교 예식을 하면 양반과 상놈이 한 방에 앉아 맞대면하고 있지 않습니까. 양반과 상놈 모두 상상도 할 수 없는 어마어마한 일이에요.

강인욱　　　고고학의 가장 큰 주제가 바로 신분을 밝히는 것입니다. 무덤을 파면 유물이 나옵니다. 고고학자가 분류를 해요. 금은보화를 많이 넣은 사람, 적당히 넣은 사람, 적게 넣은 사람. 그러면 정확하게 당시 신분이 드러납니다. 신분이라는 게 고착화되면 발전이 없고 적절하게 서로의 통로가 있어서 계속 바뀌어야 문명이 발달한다고 생각해요.

중국은 다른 문명과 달리 5천 년간 지속적으로 유지되었다고 자랑합니다. 하지만 실상 중국 왕조의 절반은 북쪽 유목민들이 남쪽으로 내려와 창건했죠. 5호 16국 같은 시대에는 하루가 멀다하고 새로운 이민족 왕조가 열렸습니다. 몽골, 거란, 여진 등도 중국을 오랫동안 다스렸고요.

북방에서 내려온 이들은 공통적으로 인구가 적은 유목민족입니다. 그러니 한족의 관리들을 이용할 필요가 있었죠. 그렇게 정복 왕조가 생기면 그동안 한직에 밀려 있던 한족들이 대거 달라붙어요. 신분이 새롭게 정리되면서 사회가 활력을 되찾는 거죠. 중국 역사가 오래 지속되는 비결도 그와 관련되어 있지 않을까 싶습니다.

곽민수　　　　고대 이집트에서도 신분 상승이 굉장히 자주 있었던 걸로 보입니다. 이를테면 외래 계통, 그러니까 이집트 내로 들어온 이민자들이 고위층으로 올라간 사례가 굉장히 많습니다.

이민자들은 이집트 사회에서 소수 세력이었음에도 불구하고 이집트식으로 잘 융화되어 정착해 살아가면서 기존 커뮤니티도 잘 받아들인 거죠. 그렇게 장관도 되고 총리도 되었습니다.

기록을 보면 아무리 봐도 원래 이집트 이름이 아닌 사람들이 많이 나옵니다. 셈어족 계통의 이름이나 메소포타미아, 레반트 쪽에서 들어온 거라 여겨지는 사람들의 이름도 굉장히 많죠.

특히 기원전 1500년경부터 시작되는 신왕국 시대 들어 정말 많이 늘어납니다. 『구약성서』를 보면 요셉(Joseph)이 이스라엘에서 이집트로 팔려가 이집트 총리가 된다는 이야기가 나와요. 물론 요셉 이야기가 역사적인 사실이라고 보긴 어렵지만 그 이야기의 바탕이 되는 실제 사례들이 꽤 많이 있죠.

인류 역사상 가장 이른 축구의 증거

허준　　　　축구의 인기가 하늘을 찌릅니다. 손흥민 선수와 황희찬 선수의 잉글랜드 프리미어리그를 필두로 우리나라 주요 선수들이 진출한 독일 분데스리가, 프랑스 리그 1은 물론 스페인 라리가와 이탈리아 세리에 A 그리고 크리스티아누 호날두의 사우디아라비아 리그, 리오넬 메시의 미국 리그까지 전 세계 각지에서 동시다발적으로 축구 경기가 열려 수많은 이가 밤잠을 설치죠. 문득 이런 생각이 들더라고요. '인간은 언제부터 스포츠를 좋아하게 된 거지?'

'언제부터 축구를 한 거지?' '고대 이집트 벽화에 운동하는 모습이 있었나?' 하고 말이죠.

곽민수　　　아직까지 축구와 관련된 고대 이집트의 흔적은 확인되지 않고 있습니다. 대신 '공'의 흔적은 굉장히 이른 시기부터 나타납니다. 공 유물은 이집트 문명이 시작되기 이전부터 발견되죠. 그때 이미 상당히 잘 만들어진 공이 있었습니다. 크기도 다양했고요. 축구는 아니지만 고대 이집트 시대에도 여러 가지 스포츠가 성행했습니다. 달리기나 격투기 같은 분야가요.

그리고 놀랍게도 야구와 비슷한 운동을 했던 걸로 추측됩니다. 크지 않은 공을 방망이로 때리는 종류의 운동 말이죠. '세케르 헤마트'라고 이름을 붙였는데 '공을 때리다'라는 뜻입니다. 다만 유희가 목적이었다기보다 의례와 관련이 있었을 거라 추정하고 있습니다. 연구가 진행되고 있는 부분입니다.

강인욱　　　현재까지 고고학적 자료가 보여주는 인류 역사상 가장 이른 축구의 증거는 놀랍게도 '중국'에서 나왔습니다. 즉 축구의 고고학적 기원은 중국인 거죠. 그런데 한족이 아니라 현대 중국의 영토 안이라는 뜻이 맞습니다. 바로 신장 양하이 무덤 유적지에서 스틱과 공이 발견되었습니다. 자그마치 3,200년 전이라고 하는데 공이 완벽에 가까운 형태예요. 가죽 안에 각종 풀을 채워 지금 우리

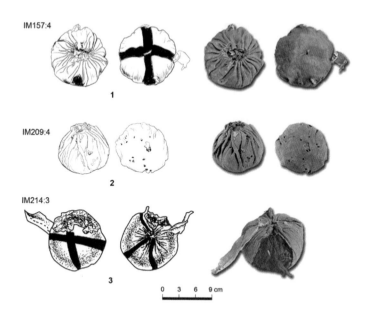

IM157:4

1

IM209:4

2

IM214:3

3

0 3 6 9 cm

중국 신장 양하이 무덤 유적지에서 발견된 가죽공들.

가 알고 있는 공의 모양을 만든 거죠. 기원전 12세기의 것이니까 그 전까지의 페르시아 기원설을 무너뜨리고 실크로드가 축구의 기원이 된 겁니다.

축구라는 게, 공놀이라는 게 공만 있으면 되는 게 아니라 공을 갖고 놀 수 있는 벌판이 필요하지 않습니까? 그런 면에서 유라시아 초원 은 안성맞춤입니다.

그런가 하면 동물이 많기 때문에 다양한 오줌보를 구할 수 있죠. 그리고 말을 타야 하는데, 사실 말을 타면서 격구를 하는 게 매우 어려워요. 저희처럼 농경민족은 말 타는 것도 어렵고요. 일례로 조선 시대 무과시험에서 가장 어려운 과목이 다름 아닌 격구였죠.

한편 중국에선 기원전 3세기 때 시작된 '축국(蹴鞠)'이 있습니다. 국제축구연맹(FIFA)에서 인정한 가장 오래된 형태의 축구 말이죠. 다만 축국은 중국이 발명한 게 아니라 기원전 3세기에 서쪽의 유목민족으로부터 '폴로(Polo)'가 들어왔을 때 말을 타면서 하기 힘드니까 그냥 발로만 하자고 해서 축국이 탄생한 겁니다.

둥근 공으로 사각형의 경기장에서 시합을 하지 않습니까. 이게 당시 중국에서 유행하던 철학과 맞물린 거죠. 천원지방(天圓地方), '하늘은 둥글고 땅은 네모졌다'라는 일종의 원형적 사고 말입니다. 그러니 노는 게 아니라 세상 이치를 공부한다는 평계를 댈 수 있었답니다.

현재 이뤄지고 있는 중요한 발굴들

허준　　　　역사학자로서 딱 한 가지 꼭 발견하고 싶은 게 있을까요? 다른 건 몰라도 이건 꼭 발견하고 싶다고 생각하는 것이요.

강인욱　　　　저는 도굴되지 않은 족장, 무사의 고분을 발견하면 소원이 없을 것 같아요. 스키타이나 흉노 시대의 고분 쿠르간(Kurgan)의 경우, 셀 수 없이 많은데도 99.9%가 도굴되었거든요. 도굴되지 않은 고분을 발견하는 건 하늘의 별 따기와 같습니다.

곽민수　　　제가 직접 찾고 싶기도 하지만 이미 이뤄지고 있는 중요한 발굴과 조사들이 몇 개 있습니다. 그중 굉장히 기대하고 있는 두 개가 있어요.

하나는 작년에 공개된 넷플릭스 오리지널 다큐멘터리 시리즈 〈퀸 클레오파트라〉로 다시 한번 화제가 되었던 클레오파트라 7세의 무덤입니다. 이집트 지중해변 알렉산드리아 서쪽에 '타포시리스 마그나'라고 하는 도시가 있는데 기원전 280년경에 프톨레마이오스 2세(Ptolemy II Philadelphus)가 세웠습니다. 이후 그곳에 신전도 많이 세우고 중요한 무덤들도 많이 만들었는데, 다름 아닌 클레오파트라의 무덤이 그곳에 있을 거라는 가설을 갖고 20년 동안 발굴을 계속하고 있는 고고학자가 계시죠. 도미니카 공화국 출신의 '캐서린 마르티네즈(Kathleen Martinez)'예요. 2022년 11월에 그녀가 주도하는 발굴팀이 타포시리스 마그나 사원의 지하 13m 지점에서 길이가 무려 1.5km에 달하는 터널을 발견했습니다. 그 터널의 끝은 바닷속에 잠겨 있었습니다만 클레오파트라의 무덤으로 이어지는 통로일 가능성이 있다고 합니다. 수중 발굴 작업도 진행하고 있다고 하고요.

다른 하나는 피라미드인데요. 2015년부터 '스캔 피라미드 프로젝트'라는 이름의 연구를 시작했는데, 우주 입자 뮤온을 이용해 X-ray를 찍는 것처럼 대피라미드를 스캔하는 거죠. 2016년, 2017년에 걸쳐 나온 결과 중 하나가 피라미드 내부의 대회랑이라고 하는 공간 상단부에 길이 30m 정도 되는 인공적인 공간을 만들었을 가능성이에요.

그리고 입구 쪽에도 길이가 10m 정도 되는 통로가 있을 수 있다는 판단을 내렸고요. 작년 2023년 3월에 통로로 내시경 카메라를 넣어 확인한 결과 피라미드 스캔으로 봤던 공간과 거의 같은 모습이 확인되었죠. 피라미드가 세워진 이래로 4,600년 만에 처음 발견된 공간입니다.

타포시리스 마그나 사원의 지하 터널.

Question 1

이슬람, 아랍, 중동을 혼용해서 쓰는 경향이 있습니다. 이들을 구분하는 데 알기 쉬운 기준이 있을까요? 즉 알기 쉬운 구분법이 있을까요?

박현도　　　이슬람은 종교 이름입니다. 이슬람을 믿는 사람을 무슬림이라고 하고요. 아랍은 민족명이죠. 원래 유목민을 뜻하는 말이었다고 봅니다. 아랍어를 쓰는 아랍인들이 7세기에 이슬람교를 믿었기에 무슬림의 대명사처럼 되었다 보니, 아랍과 무슬림을 혼동하는 경우가 적지 않죠.

이슬람의 예언자 무함마드가 아랍인입니다. 아랍인들이 모두 무슬림은 아니고요. 그리스도인도 상당히 많습니다. 이슬람보다 더 오래된 그리스도교를 믿었던 아랍인들이 지금도 적지 않죠.

중동은 유럽 중심적인 용어입니다. 유럽 시각에서 봤을 때 우리나라나 일본, 중국처럼 동쪽 먼 곳이 극동, 레바논이나 튀르키예나 팔레스타인처럼 가까운 동쪽은 근동, 극동과 근동의 중간이 중동이죠. 1902년 미국의 해군 전략가 알프레드 세이어 머핸(Alfred Thayer Mahan)이 처음 쓴 말로 나오는데, 머핸보다 영국에서 먼저 썼을 거라고도 합니다. 이란과 인도 쪽을 가리키는 말로 사용했죠. 우리 시각에서 보면 중동이 아니라 중서입니다. 지리적인 용어가 아니라 지정학적인 말이라고 할 수 있겠습니다.

이집트를 중동 국가라고 하는데, 이집트는 사실 아프리카에 속하죠. 월드컵 축구 예선을 보면 금방 아실 겁니다. 우리는 중동이 아니라 아시아 예선을 치르죠. 이집트와 만날 일이 없어요.

중동이라고 부르는 지역의 나라가 이스라엘을 빼고는 예외 없이 무슬림이 다수인 국가다 보니 중동을 이슬람 지역이라고 봅니다. 그런데 알제리, 튀니지처럼 확실하게 아프리카 북부에 위치한 나라마저 중동이라고 부르기는 애매해서 보통 중동·북아프리카를 이슬람 지역이라고 하죠. 또 파키스탄, 아프가니스탄을 중동에 포함해 '확대 중동'이라고 부르기도 하고요.

고무줄처럼 늘렸다 줄였다 하는 것만 봐도 중동이라는 말이 지리적인 용어가 아니라는 사실을 금방 알아차릴 수 있을 겁니다.

이슬람교를 양분하는 종파로 순니파, 시아파가 있지 않습니까?
최초에 어떻게 분열되어 지금에 이르렀는지 이야기를 듣고 싶습
니다.

박현도　　　이슬람이라는 큰 틀에서 순니와 시아는 기본적으
로 이슬람 신앙을 공유하고 함께 예배하는 데 문제가 없으나, 예언
자 무함마드 사후 무슬림 공동체를 이끌 가장 적합한 지도자가 누구
이고 지도자가 하는 역할이 무엇이냐를 두고 서로 생각이 달라 7세
기에 갈라졌습니다.

순니는 무함마드를 잇는 지도자를 단순히 하나님의 사도인 무함마
드의 계승자, 즉 칼리파라고 생각합니다. 예언자가 아니라, 종교적
능력이 없는 무슬림 공동체의 지도자로 보죠. 순니의 칼리파는 무함
마드 이후 1924년 튀르키예가 칼리파 제도를 폐기할 때까지 이어졌
습니다. 그러나 순니파 무슬림이 가장 존경하는 진정한 의미의 칼리
파는 초기 네 명의 정통 칼리파입니다. 아부 바크르, 우마르, 우스만,
알리를 가리키죠.

반면 시아는 순니의 4대 정통 칼리파 중 알리만 인정합니다. 예언자
무함마드가 죽기 직전 마지막 메카 순례를 마치고 메디나로 돌아오
던 중 가디르쿰(Ghadir Khum)이라는 곳에서 "나를 지도자로 따르는

사람이여, 보라, 여기 알리가 지도자다."라고 한 말을 근거로 알리만 적법한 후계자로 받드는 거죠. 따라서 무함마드 사후 알리보다 먼저 공동체의 지도자가 된 세 명의 칼리파는 알리의 후계권을 찬탈한 무법자가 되는 겁니다. 물론 순니는 이에 동의하지 않고요.

그런데 시아에게 알리는 순니의 칼리파처럼 단순한 정치적 수장이 아닙니다. 영적인 영역까지 포괄하는 지도자로, 이맘이라고 부릅니다. 물론 예언 능력은 없죠. 예언자는 무함마드 이후 더는 나올 수 없기 때문입니다.

순니에서 이맘은 예배를 이끄는 사람, 뛰어난 학자, 정치 지도자의 뜻을 지니고 있는데, 원칙적으로 무슬림이라면 누구나 이맘이 될 가능성이 있습니다. 그러나 시아에서 이맘은 구체적으로 예언자 무함마드 후손 중 '무함마드의 빛'을 내적으로 지닌, 흠 없이 순결한 사람으로 예언자에게 내린 하나님의 말씀 『쿠란』의 내적 의미를 가장 정확하게 해석할 수 있는 영적인 힘을 지닌 존재입니다.

시아 무슬림의 설명에 따르면, 하나님은 가장 먼저 무함마드의 빛을 만들었고 이 빛으로부터 세상 만물을 창조했다고 합니다. 무함마드의 빛은 아담 이후 모든 예언자에 내재하는 것으로, 예언자가 지닌 지식의 원천이죠. 아담부터 시작한 예언자 시대는 무함마드로 끝났지만 이 빛은 이맘에게 존재한다는 겁니다.

모든 오류로부터 이맘을 보호하는 이 빛은 무함마드 가계에서 알리와 무함마드의 딸 파띠마 사이에서 낳은 후손에게 이어지는데, 오로

지 한 사람에게만 전해진다고 합니다. 이맘이 무함마드 가계 혈통의 계승자를 넘어서 영적인 계승자임을 나타내죠.

시아파는 여러 파가 있는데, 주류 시아파는 이러한 이맘으로 열두 명만 인정하기에 흔히 12이맘파라고 합니다. 1대 이맘은 알리, 2대 이맘은 알리의 큰아들 하산(Hasan), 3대는 둘째 아들 후세인(Husayn), 4대부터 12대까지는 후세인의 직계 후손이고요.

순니 역시 무함마드 집안 사람들을 존경하지만, 시아처럼 영적인 권위를 부여하진 않습니다. 시아 이맘은 『쿠란』 계시와 예언자 무함마드의 가르침을 설명하고 법을 해석하면서 영적 지도자 역할을 합니다. 상황이 허락한다면 무슬림 공동체를 다스릴 수 있다는 말이죠.

순니와 시아 분파는 '카르발라의 비극(Battle of Karbala)'이라는 역사적 사건 속에서 잉태되었습니다. 3대 칼리파 우스만을 일단의 무슬림이 살해한 후, 알리가 4대 칼리파로 선출되었죠. 그러나 알리는 우스만 살해 사건에 대해 제대로 조처를 취하지 않았다는 이유로 반대파의 도전을 받았습니다. 이에 수도를 메디나에서 쿠파로 옮기고 정권의 안정을 꾀했지만 결국 우스만의 친족이자 시리아 총독인 무아위야(Mu'awiya)의 도전을 받아 싸움에 돌입합니다.

하지만 승리를 눈앞에 둔 상황에서 하나님의 뜻에 따라 문제를 해결하자는 무아위야 측의 중재안을 받아들입니다. 그러나 이러한 행동이 정의롭지 못하다고 여겨 불만을 품은 일부 지지자가 알리에 실망해 이탈하고 말죠. 결국 이들 내부 반대파가 알리를 살해하는 바람에 무아위야는 손쉽게 무주공산 칼리파직을 차지한 후 우마이야 칼리파조를 열 수 있었던 겁니다.

알리에겐 하산과 후세인이라는 두 아들이 있었죠. 하산은 무아위야의 회유에 따라 알리의 칼리파직에 대한 권리를 포기하고 조용히 살다가 메디나에서 죽습니다. 시아들은 하산이 독살되었다고 믿죠. 무아위야가 죽자 아들 야지드(Yazid)가 칼리파직을 계승하는데, 알리의 둘째 아들 후세인은 야지드에 충성을 맹세하길 거절합니다. 자신을 새로운 지도자로 선포한 시아의 염원에 따라 후세인은 식솔과 추종자들을 이끌고 메디나를 떠나 시아 근거지 쿠파로 향하죠.

그러나 후세인 일행은 쿠파에서 약 40km 떨어진 카르발라에서 야지드가 보낸 군에 무참히 살해당하고 맙니다. 이슬람력으로 새해 첫 달인 무하르람(Muharram)월 10일, 서력으로는 680년 10월 10일의 일이었습니다. 이날을 아랍어로 아슈라(Ashura)라고 합니다. 10일이라는 뜻이죠. 후세인의 비극적 죽음은 오늘날까지 시아에게 '시아'라는 정체성을 확고히 심어준 날입니다.

매년 무하르람월의 첫날부터 후세인의 죽음을 기리는 아슈라 기일 의례(忌日儀禮)를 시작해 아슈라 당일인 10일 절정에 이릅니다. 카르발라의 고통과 슬픔을 재현하는 거죠. 쇠사슬이나 칼 같은 것으로 등을 때리면서 고통을 느낍니다. 죽어가는 후세인을 코앞에 두고도 도움의 손길 한번 제대로 주지 못했던 시아의 비통함이 천년 넘게 지속되는 거죠.

또 시아는 예배 중 절을 할 때마다 바닥에 이마를 대는 순니와 달리 주로 카르발라의 흙으로 만든 조그만 돌 위에 머리를 댑니다. 실로 카르발라의 비극은 그리스도인의 십자가와 같은 의미라고 할 수 있겠네요.

하지만 그리스도인에겐 십자가 죽음 뒤 부활이라는 영광이 있지만, 시아에겐 애통함만 남아 있습니다. 한마디로 부활 없는 십자가 사건인 거죠. 이 지극한 슬픔 뒤에는 불의한 세상 권력을 향한 항거와 강력한 정의 의식이 살아 숨 쉬고 있습니다.

순니의 칼리파와 대비되는 이맘, 이맘 후세인의 순교지 카르발라와 함께 순니와 시아를 가르는 또 다른 핵심은 마흐디(Mahdi) 사상입니다. 시아파는 마지막 열두 번째 이맘이 죽지 않고 어디엔가 살아 있고, 세상 종말 전에 불의로 가득 찬 이 세상에 다시 나타나 정의와 평화를 확립하리라고 믿습니다.

열두 번째 이맘의 이름은 무함마드 문타자르(Muhammad Muntazar), 즉 기다리던 무함마드란 뜻이죠. 여기서 무함마드는 예언자 무함마드가 아닙니다. 12대 이맘의 이름이죠. 873년 열한 번째 이맘 하산 알아스카리(Hasan al-Askari)가 죽자 사람들은 이맘의 숨겨둔 아들 무함마드가 당시 순니 정권인 압바스 칼리파조의 박해를 피해 숨어 있다고 믿었습니다.

시아파 설명에 따르면, 무함마드는 죽지 않고 숨어서 대리자(wakil)들을 통해 영적으로 시아들을 이끌었습니다. 이때를 소은닉(小隱匿)

시기라고 부릅니다. 대리자들은 죽을 때 다음 대리자를 지정해 숨은 이맘과 영적 접촉을 했는데, 940년 마지막 대리자가 후계자를 지명하지 않고 죽자 이맘과 더는 소통할 수 없었습니다. 이를 대은닉(大隱匿) 시기라고 합니다. 이맘과 세상의 시아가 접촉할 길이 사라진 거죠. 그러나 시아는 여전히 살아 어딘가에 숨어있는 이맘이 마흐디로 세상 종말에 올 거라고 믿습니다. 마흐디란 하나님이 인도하는 자라는 뜻이죠.

순니 전통 역시 마흐디 믿음이 있지만 신학으로 성립된 게 아니라 일반 대중의 믿음입니다. 1885년 수단의 무함마드 아흐마드(Muhammad Ahmad)가 스스로 마흐디라 선포하고 반영(反英) 항쟁에 나서 마흐디 국가를 13년 동안 유지한 데서 볼 수 있듯, 순니에게도 마흐디는 매력적인 말입니다. 순니는 이슬람 신앙을 올곧게 하고 정의를 세울 마흐디가 예언자 집안 사람이긴 하나 시아가 말하는 12대 이맘은 아니라고 생각하죠.

마흐디는 불의와 죄로 가득 찬 세상을 정리하는 시아 종말론의 핵심 인물로 그리스도교인이 기다리는 재림예수와 유사하나, 예수와 달리 신성(神性)이나 죽음 내지 부활의 요소는 없습니다. 신성이 없는 메시아로 보면 마흐디를 이해하는 게 어렵지 않습니다.

크리스마스, 부처님 오신 날, 유월절, 디왈리 등 다양한 종교에서 명
절을 지내는데요. 이슬람교에는 어떤 명절을 지내는지요?

박현도 ───── 이슬람교에서 명절은 이둘피뜨르(Id al-Fitr)와 이둘
아드하(Id al-Adha), 그리고 예언자의 생일 마울리둔나비(Mawlid an-
Nabi)입니다.

이슬람 신앙 전통은 음력을 사용합니다. 음력 한 해는 354일이고요.
윤달을 쓰지 않으면 해마다 태양력과 11일 차이가 나고 대략 33년
마다 1년 차이가 납니다. 그런데 윤달을 쓰지 않기에 이슬람력을 순
태음력(純太陰曆)이라고 합니다.

이슬람력으로 열두 달 중 아홉 번째 달 이름이 라마단(Ramadan)이죠.
타는 듯이 뜨겁고 참기 어렵게 건조하다는 뜻입니다. 라마단월은 해
마다 시기가 다릅니다. 순태음력의 특성 때문에 한여름에도, 한겨울
에도 올 수 있죠.

첫 초승달을 눈으로 보는 날이 달의 시작입니다. 달이 뜨는 밤이 하
루의 시작이고요. 보통 날씨가 좋지 않으면 초승달을 못 보죠. 그런
데 대다수 이슬람 문화권 국가에서 라마단은 초승달을 눈으로 확인
해야 시작합니다. 이슬람력에서 홀수 달은 30일, 짝수 달은 29일입
니다. 9월 라마단은 30일이죠.

초승달을 보지 못하면 실제 단식 기간이 다소 짧아질 수 있습니다. 새로운 초승달이 뜨는 다음 달 첫날 시작 전까지 전 세계 무슬림은 해가 떠서 질 때까지 먹거나 마시지 않습니다.

물도 마시지 않고요. 부부간 성행위도 하지 않고 흡연도 하지 않죠. 올바르지 못한 행동, 말, 생각 역시 금기입니다. 말 그대로 근신하는 삶입니다.

세상의 주님이신 하나님을 기억하고 하나님이 만든 세상을 깊이 생각합니다. 삶을 되돌아보고 나보다 불우한 이웃을 보살피며 한 달을 보냅니다.

병자나 노약자, 임산부, 어린아이, 여행자는 단식하지 않아도 됩니다. 또 부득이하게 한 달 단식을 온전히 지키지 못했으면 라마단이 끝나고 빠진 날만큼 단식합니다. 단식은 자발적으로 하는 것이지 누가 강제하는 건 아니기 때문입니다.

라마단은 잔치의 달이기도 합니다. 하루 단식 끝에는 즐거운 식사 시간이 기다리고 있기 때문이죠. 하루 단식을 끝내고 먹는 저녁 식사를 이프따르(Iftar)라고 합니다.

무슬림은 서로 음식을 나누며 즐거워합니다. 단식과 잔치라는 전혀 어울릴 것 같지 않은 단어가 그 말뜻을 온전히 발휘하는 기간이 바로 라마단이죠.

라마단 한 달 단식이 끝나면 우리네 추석 명절처럼 무슬림은 서로 음식과 선물을 나눕니다. 아랍어로 이둘피뜨르라고 하는데, 단식 종료를 알리는 잔칫날이죠. 파재절(破齋節)이라고 옮기기도 하는데요, 1967년부터 매년 교황청 종교간대화평의회에서 경축 메시지를 전달합니다.

이슬람력으로 열 번째 달인 샤우왈(Shawwal) 1일입니다. 올해 2024년에는 4월 10일이었죠. 전 세계 무슬림 다수 국가에선 보통 3일 정도를 이둘피뜨르 공휴일로 정합니다.

이슬람력 12월 8일부터 13일까지는 메카를 순례하는 기간입니다. 핫즈(Hajj)라고 하는 순례에는 전 세계 무슬림이 참여하죠. 그러나 희망자를 모두 다 받아들일 수 없기에 메카를 관장하는 사우디아라비아 정부는 국가별로 무슬림 천 명당 한 장의 순례 비자를 발급해 순례자 수를 제한합니다.

유대인의 믿음에 따르면, 예루살렘 바위의 돔 안 바위에서 아브라함이 하나님의 명령에 따라 아들 이삭을 제물로 바치려고 했다고 합니다. 무슬림도 아브라함의 번제에 동의하나, 아들과 장소가 다릅니다. 무슬림 전승에 따르면 이브라힘(아브라함)은 이스하끄(이삭)가 아니라 이스마일(이스마엘)을, 바위의 돔 안 바위가 아니라 메카 인근 아라파트 산에서 번제물로 바치려 했다고 믿습니다.

『쿠란』에 따르면 이브라힘이 꿈에서 사랑하는 아들 이스마일을 희생하라는 하나님의 명령을 받습니다. 이브라힘은 아들 이스마일에게 꿈 이야기를 전하고, 둘은 하나님의 뜻에 온전히 복종하기로 하죠. 희생제를 준비하는 동안 하나님의 명령에 순종하지 못하도록 샤이딴(사탄)이 유혹했으나 뿌리치고 이브라힘이 아들을 제물로 바칠 준비를 마치자, 하나님이 이스마일을 양으로 대체해 목숨을 구합니다. 지금도 해마다 무슬림은 메카 순례 때 이스마일을 바치려 한 아브라힘의 신앙을 본받아 메카 대순례에 소나 양 등 동물을 바치는 이둘아드하 의례를 행합니다.

메카 대순례 2일째 되는 날 해가 지면 아라파트 산에서 무즈달리파 평원으로 이동해 최소 마흔아홉 개의 작은 돌을 모아 하늘을 보며 노숙합니다. 다음 날 동이 트기 전에 미나로 이동하죠.

미나에서 이브라힘은 이스마일을 번제물로 바치지 못하게 유혹한 샤이딴에게 돌을 던져 쫓아버렸는데, 무슬림은 이를 기념해 샤이딴을 상징하는 돌기둥 세 개 중 가장 큰 것을 향해 무즈달리파에서 가져온 돌 일곱 개를 던집니다.

그리고 아들을 기꺼이 희생하려 했던 신앙의 선조 이브라힘을 본받아 양이나 염소나 소나 낙타를 번제물로 삼는 이둘아드하를 지내죠. 이둘아드하는 라마단 한 달 단식을 마치고 갖는 이둘피뜨르와 함께 쌍벽을 이루는 축제입니다.

전 세계 무슬림 다수 국가에선 보통 2~10일 정도를 이둘아드하 공휴일로 정하죠. 올해 2024년은 6월 17일이 이둘아드하였습니다. 대순례에 함께하지 못한 사람들도 세계 곳곳에서 이둘아드하를 지내며 이웃과 음식을 나누는 등 공동체 의식을 함양합니다.

그리스도교의 크리스마스와 같이 예언자 무함마드의 생일인 마울

리둔나비도 기립니다. 이슬람력 3월인 라비울아우왈월 12일인데요,
1588년 오스만 제국에서 시작했습니다.

시아파는 이보다 5일 늦은 17일이 무함마드의 생일이라고 합니다.
그래서 순니와 시아는 서로 기념일이 다르죠. 마울리둔나비는 많은
무슬림 국가에서 공휴일로 기념합니다. 2024년 올해 순니에겐 9월
16일, 시아에겐 9월 21일이 예언자의 생일입니다.

역사를 보다

초판 1쇄 발행 2024년 7월 10일
초판 10쇄 발행 2024년 12월 16일

지은이 | 박현도, 곽민수, 강인욱, 허준
기 획 | 어썸엔터테인먼트(정재훈, 김재석, 모양태, 강한범, 정윤수, 송재준, 홍진수)
펴낸곳 | 믹스커피
펴낸이 | 오운영
경영총괄 | 박종명
편 집 | 김형욱 최윤정 이광민
디자인 | 윤지예 이영재
마케팅 | 문준영 이지은 박미애
디지털콘텐츠 | 안태정
등록번호 | 제2018-000146호(2018년 1월 23일)
주 소 | 04091 서울시 마포구 토정로 222 한국출판콘텐츠센터 319호(신수동)
전 화 | (02)719-7735   팩스 | (02)719-7736
이메일 | onobooks2018@naver.com   블로그 | blog.naver.com/onobooks2018

값 | 23,000원
ISBN 979-11-7043-548-8 03900